Heinz Merz

Die Arktis

Wirtschaftswissenschaften

Band 44

LIT

Heinz Merz

DIE ARKTIS

Der ökonomische Griff nach dem achten Weltmeer

LIT

Umschlagbild:
Das Bild wurde freundlicherweise zur Verfügung gestellt, bzw. für die Veröffentlichung genehmigt von: Francois Deschamps, Oxford Analytica, Paris, 2023.

∞

Gedruckt auf alterungsbeständigem Werkdruckpapier entsprechend
ANSI Z3948 DIN ISO 9706

Bibliografische Information der Deutschen Nationalbibliothek
Die Deutsche Nationalbibliothek verzeichnet diese Publikation in der Deutschen Nationalbibliografie; detaillierte bibliografische Daten sind im Internet über http://dnb.dnb.de abrufbar.

ISBN 978-3-643-15394-4 (gb.)
ISBN 978-3-643-35394-8 (PDF)

Verlagskontakt:
Fresnostr. 2 D-48159 Münster
Tel. +49 (0) 2 51-62 03 20
E-Mail: lit@lit-verlag.de https://www.lit-verlag.de

Auslieferung:
Deutschland: LIT Verlag, Fresnostr. 2, D-48159 Münster
Tel. +49 (0) 2 51-620 32 22, E-Mail: vertrieb@lit-verlag.de

Für Martine,
Knut und Patrick

Inhaltsverzeichnis

Abbildungsverzeichnis

Tabellenverzeichnis

Geleitwort

Der Themenkomplex der Arktis und auch der Antarktis stößt seit Jahren nicht nur in juristischen und sicherheitspolitischen Fachkreisen auf ein wachsendes öffentliches Interesse.

Deshalb ist er weit mehr als nur akademisch und politisch relevant, und es zeigt sich einmal mehr, dass es bei der Publikation von Fachliteratur nicht nur um Fakten und fundierte Inhalte, sondern auch um das richtige Timing geht. Denn wir stehen am Beginn einer neuen technologischen Zukunft, und dies ist in der breiten Gesellschaft so noch nicht bekannt. Zukünftig wird die Arktis gewaltig an ökonomischer Bedeutung gewinnen.

In der heutigen Zeit, in der die Frage des Energiethemas durch den Krieg in der Ukraine, die Sprengung der Nordstream-Pipeline und das Kappen der russischen Gasversorgung aus den Yamalgebieten nach Europa (Deutschland) fast täglich in der öffentlichen Diskussion ist, kann man Autor und Verlag zur Herausgabe des vorliegenden Buches zum jetzigen Zeitpunkt nur beglückwünschen.

Bei der Frage, welche Herausforderungen in der zukünftigen geografischen Entwicklung der Arktis bedeutsam sind, wird immer deutlicher, dass die Schifffahrtswege über die Arktis, insbesondere die NEP und NWP, eine bedeutende Rolle spielen werden und damit das ökonomische Interesse immer größer wird.

In diesem Buch wird auf hervorragende Weise ein umfassendes Bild über die Arktis zusammengesetzt, das aus vielen Puzzleteilen von verschiedensten Themenbereichen besteht, die alle irgendwie miteinander verknüpft sind.

Es werden auch die bestehenden Entwicklungen und unterschiedlichen Interessen der einzelnen Staaten und Akteure beschrieben und eine Vielzahl von sehr interessanten detaillierten Projekten und statistische Zahlen erwähnt. Diese Zusammenstellung der verschiedenen wissenschaftlichen Disziplinen erweitert den Horizont und kann für den Leser gewinnbringende Informationen liefern. Doch es geht nicht nur um die Aufbereitung von statistischen Zahlen, sondern auch darum, Faktoren, Ziele und die Rationalität ökologischer und ökonomischer Zusammenhänge zu erkennen und für sich zu bewerten. Dazu liefert dieses Buch die Grundlage; es leistet als umfassende Einführung einen ausgezeichneten Beitrag zum zukünftigen Thema Wasserstoff in der Arktis. Deshalb verdient es eine große Leserschaft.

Mikaa Mered[1]

„Von der Arktis bis zum Mond (und Mars!), von Inselgebieten bis zu gemäßigten Zonen – die Entwicklung der Wasserstoffenergie steht im Mittelpunkt der weltweiten Energiewende. Ohne die Beherrschung des Wasserstoffs in sehr großem Maßstab ist es unmöglich, die Ziele des Pariser Klimaabkommens zu erreichen. Wasserstoff ist eine der vielversprechendsten Lösungen, um den Zielen des Pariser Abkommens näherzukommen, und steht im Mittelpunkt der Herausforderungen für die „Welt danach". Der Energieträger ist noch weitgehend unbekannt und Opfer alter Vorurteile (Sicherheit, Explosivität, geringe Erträge, hohe Kosten) sowie von Hetzkampagnen der Kohlenwasserstoffindustrie und der Batterieindustrie. Mehrere zwischen 2019 und 2020 veröffentlichte, bahnbrechende Prospektivberichte gehen davon aus, dass die Wasserstoffbranche bis 2050 mehr als 30 Millionen Arbeitsplätze schaffen und einen Jahresumsatz von mehr als 2,5 Billionen US-Dollar erzielen könnte, ein Drittel davon in Europa. Wasserstoff verspricht, den Sektor der erneuerbaren Energien zu beschleunigen und die umweltschädlichsten Verwendungszwecke zu dekarbonisieren, wirft aber auch grundlegende geopolitische Debatten für die Zukunft der Energiegeopolitik auf. Seit 2015 haben fast 30 Industrieländer eine Wasserstoff-Roadmap erstellt oder entsprechende Schritte eingeleitet. Die Branche verzeichnet Erfolge. Entscheidungsträger und die breite Öffentlichkeit sind und werden sich für die Wasserstoffenergie interessieren."[2]

„Unser Potenzial als zeitgenössische Zivilisation sollte uns in die Lage versetzen, die Arktis lebensfähig und für die Volkswirtschaften und andere mensch-

[1] **Mikaå Mered** ist Experte für industrielle, geoökonomische und strategische Fragen der Arktis und Antarktis. Er **beschäftigt sich insbesondere mit den sehr wichtigen Potenzialen von blauem und grünem Wasserstoff in den Polarregionen.** Ausgehend von sowohl regionalen Ansätzen (Arktis, Afrika, Naher Osten ...) als auch sektoralen Ansätzen (Mobilität, Seefahrt, Bauwesen, bemannte Weltraumforschung ...) strebt Mikaå Mered nun danach, das Bewusstsein für diese Themen und diese Potenziale zu schärfen, insbesondere im Spezialkurs „Geopolitik des Wasserstoffs" an der School of International Relations (ILERI).

[2] Mikaa Mered zitiert und ins Deutsche übersetzt aus seinem Buch *Les Mondes Polaires.*

liche Dimensionen der arktischen Anrainerstaaten Europas und der gesamten internationalen Gemeinschaft profitabel zu machen. Um dies zu erreichen, sollten vor allem die Sicherheitsprobleme, die sich dort angesammelt haben, gelöst werden. Machen wir den Nordpol zu einem Pol des Friedens."[3]

[3] Michael Gorbatschow in seinem Vortrag anlässlich der Verleihung des Leninordens und des Goldenen Sterns an die Stadt Murmansk während der Feierlichkeiten in Murmansk am 1. Oktober 1987.

Vorwort

„Erste Nordostpassage geglückt.

Das erste deutsche Handelsschiff, die „Beluga Fraternity", hat die sogenannte Nordostpassage vor der Küste Sibiriens erfolgreich befahren."[4]

Die „Beluga Foresight" folgt noch in dieser Woche. Mit dieser spektakulären Schlagzeile berichtete die Deutsche Verkehrsrundschau vom Mittwoch, den 16.09.2009 über diese beiden Mehrzweckschiffe der ehemaligen Reederei Beluga aus Bremen, die ihre Transportreisen von Wladiwostok über den sibirischen Hafen Nowy-Port nach Europa durchführten. Seitdem der finnische Tanker „Uikku" im Jahr 1997 die Nordostpassage durchfuhr, waren diese beiden Reisen die ersten von westlichen Handelsschiffen. Welche „Projektladung" die beiden Schiffe 2009 transportierten und Details über den ebenfalls spektakulären Aufstieg und auch Konkurs der Reederei Beluga und damit der Verkauf und die weitere Bereederung der Mehrzweckschiffe der Beluga F-Serie ist heute nicht mehr interessant. Es bleibt jedoch der erste geschichtliche Erfolg als Pionier im Schiffstransport durch die Nordostpassage in Erinnerung.

Dieses Ereignis war der Initialauslöser für weitere Recherchen und Beobachtungen der Schiffspassagen durch die Arktis. Als dann nur zwei, drei Jahre später über die ersten Erdgasprojekte des Öl- und Gaskonzerns Total Energies auf der Yamal Halbinsel berichtet wurde, war der Zusammenhang von der Gas- und Ölproduktion und dessen Schiffstransport sowohl in die westlichen als auch östlichen Kontinente noch gar nicht deutlich erkennbar. Erst als ab 2017 in den Medien über den Hafen Sabetta und des Flottenaufbaus einer Serie von 15 LNG-Tankern berichtet wurde, wurde deutlich, wie wichtig die Exploration von Gas- und Öl in der Arktis und dessen Transport und wie bedeutend diese Projekte sind. „Mit der „Yakov Gakkel" ist der Flottenaufbau einer Serie von 15 LNG-Tankern für das russische Yamal-Projekt abgeschlossen. Kürzlich nahm der vorzeitig abgelieferte Neubau die 354. Ladung LNG an Bord, die im Industriehafen Sabetta auf der sibirischen Yamal-Halbinsel verschifft wurde.[5]

---

4 Deutsche Verkehrsrundschau, 16.09.2009.

5 Schiffbau, „Yamal-Flotte ist komplett", in THB, Täglicher Hafen Bericht vom 12. Dezember 2019.

Durch diese Situation ergaben sich eine Menge bisher unbekannter Fragen, zum Beispiel:

Wie zutreffend sind die Prognosen der Wissenschaftler der IPCC[6] und speziell die Prognosen der Klimaveränderungen in der Arktis?
Wie wird sich der arktische Ozean und dessen Geografie verändern? Wie wird sich die Öl- und Gasexploration in der Arktis weiter entwickeln?
Welche Unternehmen und/oder auch Staaten haben Einfluss und zeigen Interesse?
Wie werden sich die Schiffstransporte durch die Arktis verändern?
Welche nautischen Voraussetzungen bestehen in der Arktis und welche infrastrukturellen Voraussetzungen müssen geschaffen werden, um die Arktis als Seegebiet ähnlich wie andere Ozeane zu behandeln und zu nutzen?
Welche anderen Rohstoffe außer Öl und Gas werden noch in den Fokus gelangen?
Welche völkerrechtlichen Vereinbarungen gibt es bereits und welche werden die verantwortlichen Länder für die Zukunft treffen?
Und es gibt viele weitere Fragen. Viele weitere Fragen werden auch gestellt, die sich erst dann ergeben, wenn man sich näher mit diesem Thema beschäftigt.

Um sich einen Eindruck zu verschaffen und Fragen zu beantworten, stellt der Autor Einblicke in unterschiedliche Themenbereiche der Arktis zu einem größeren Bild zusammen, und zwar aus der Sicht eines Seemannes und der eines Ökonomen.

Im Mai 2023

Dr. Heinz Merz

---

6 IPCC, Synonym für Intergovenmental Panel on Climate Cahnge, umgangssprachlich „Weltklimarat“.

Einleitung

Seit Jahren wird medienwirksam vom Kalben der Gletscher in Grönland oder anderen arktischen und antarktischen Gebieten berichtet. Die Wissenschaft von Eis und Schnee, die untersucht, wann und wie sie in welchen Formen als Gletscher, Permafrost und Schelfeis auftreten, wird Glaziologie genannt. Das Kalben bedeutet in der Glaziologie das Abbrechen von größeren Eismassen von einem Gletscher ins Meer oder andere Gewässer. Im Fernsehen wird immer wieder mit faszinierenden Filmaufnahmen von spektakulären Eisabbrüchen berichtet, so zum Beispiel vom Helheim-Gletscher im Osten Grönlands, aber auch in Patagonien oder der Antarktis. Durch das anschließende komplette Schmelzen des abgebrochenen Eises im Salzwasser erfolgt ein Anstieg des Meeresspiegels. Inzwischen kalben die Gletscher immer schneller, sodass dies sogar auf Kreuzfahrtschiffen als Touristenattraktion angeboten wird.

In der Fachliteratur und im Internet existiert eine gefühlte fast unendliche Zahl von Veröffentlichungen über das Abschmelzen des Polarkappen. Denn seit etwa drei, vier Jahrzehnten ist das Abschmelzen des Polareises schneller erfolgt als in den letzten 10.000 Jahren davor. Mit Bildern, Satellitenaufnahmen und geografischen Skizzen kann dies deutlich für jedermann gezeigt werden.

Fokussiert man dieses Phänomen des Abschmelzens des Eises auf die Arktis, fällt auf, dass insbesondere zwei Gruppen von Wissenschaftlern darüber forschen und ihre Analysen veröffentlichen. Zum einen sind es die Naturwissenschaftler, wie erwähnt Glaziologen, Spezialisten unterschiedlichster Schwerpunkte der Luft- und Umweltforscher, Experten der Ichthyologie (Meeresbiologie) und Limnologie (Meereskunde), Geologen und Mineralogen und viele Spezialisten weiterer Wissenschaftsgebiete. Zum anderen sind es Politikwissenschaftler sowie militärische und politische Sicherheitsexperten jeglicher Couleur, die über Risiken des Ost-West-Konflikts der Nato-Staaten oder auch einzelner Staaten gegenüber Russland und/oder China oder auch anderer Staaten schreiben und ihre Analysen veröffentlichen.

Nach ursprünglicher Auffassung des Autors im Jahr 2019/20 war geplant, ein umfassendes Bild über die Arktis zu zeichnen, und zwar aus der Sicht eines Seemanns und Ökonomen, und die Aspekte der Naturwissenschaftler und die der Politikwissenschaftler weitgehend zu umgehen.

Zunächst wird deshalb, um die Fantasie anzuregen und Motivation zu erzeugen, ein Blick auf die berühmtesten Polarforscher geworfen und auf eine Definition der Arktis aufmerksam gemacht. Einige Zahlen, die das Abschmelzen des arktischen Polareises und dessen Folgen verdeutlichen sollen, runden die Einleitung ab.

Um später auf die ökonomischen Begehrlichkeiten einzugehen, werden anschließend die Akteure definiert, die A5, A3 und Beobachterstaaten. Es wird speziell auf die Infrastruktur- und Kommunikationsmöglichkeiten betreffend die Schifffahrt und die Seegebiete A4 mit Eisklassen und Eisbrechern eingegangen.

Anschließend werden aktuelle Explorationsprojekte in der Arktis erwähnt. Mit einer Einschätzung der derzeitigen Situation schließt dieser Teil ab.

Danach folgen zwei weitere potenzielle interessante Themen, und zwar das der Satellitenkommunikation und das des Meeresspiegelanstiegs und einer möglichen Überschwemmung der Niederlande. Eine Bewertung der ökonomischen Begehrlichkeiten ergänzt die vorherige Einschätzung.

Ein Blick auf Epochen wirtschaftlichen Wohlstands und Reichtums durch den internationalen Handel soll den Übergang zur Aktualität auf die Wirtschaftskraft Russland im Ländervergleich leiten. Bedingt durch die aktuelle politische Situation des Ukrainekrieges kann hiesigen Erachtens nicht darauf verzichtet werden, die Meerengen zu erwähnen, die als Nadelöhr gelten, und die beiden wichtigsten Kanäle als Schiffsrouten zwischen den Kontinenten im internationalen Handel.

Im letzten Kapitel endet die Darstellung mit einer gemeinsamen Forschung und Umweltschutz als Kooperationsbasis und einem Resümee als Schlussfolgerungen und Ausblick.

Da in diesem fachlichen Thema eine Vielzahl von speziellen Ausdrücken, Abkürzungen, Institutionen und Organisationen usw. vorkommen, die für ein breites Publikum, das sich nicht näher damit befasst, verwirrend wirken können, wird die Arbeit mit nennenswerten Abkürzungen und Erläuterungen und einer Erklärung der erwähnten Unternehmen und Institutionen, die an Projekten in der Arktis beteiligt sind, abgeschlossen.

Alle zitierten im Internet frei verfügbaren Quellen und Links wurden zuletzt im März 2023 geöffnet.

Dr. Heinz Merz

1 Geschichtlicher Hintergrund, Forscher und Entdecker der Arktis

Bis zum Ende des Mittelalters umfasste das Weltbild Europas kaum mehr als die Oikumene, d. h. die bekannte Welt der Antike.[7] Wissenschaftler bzw. Gelehrte wie Astronomen, Physiker, Mathematiker u. a. wussten von einer „globalen Welt". Doch erst seit Christoph Columbus 1492 Amerika entdeckte, waren sich die europäischen Staatsmächte bewusst, dass die Welt eine Kugel ist. Deshalb teilte am 7. Juni 1494 Papst Alexander VI, ein Spanier aus dem Hause Borgia, die Welt auf, indem er den Spaniern die westliche und den Portugiesen die östliche Hälfte der Erde als Machtsphären zuwies. Nikolaus Kopernikus[8] beschreibt etwa zur gleichen Zeit, dass die Erde ein Planet sei, sich um ihre eigene Achse drehe und sich um die Sonne bewege.[9]

Zwei Jahre später, im Juni 1496, startete Willem Barents, ein Niederländer, eine Expedition nach Norden, um die Nordostpassage nach Indien und China über die Arktis zu entdecken. Der Holländer ist der größte Arktisfahrer des 16. Jahrhunderts.[10]

Zur gleichen Zeit unterstützten englische Kaufleute aus Bristol den Italiener John (Giovanni) Cabot, der Neufundland und Labrador entdeckte.[11]

---

7 Der Grieche Pytheas von Massalia (* ca. 359 v. Chr., †ca. 289 v. Chr.) entdeckte Island etwa um 325 v. Chr. Die Wikinger kolonisierten Island im 9. Jahrhundert.

8 Nikolaus Kopernikus: 19.02.1473–24.05.1543.

9 Selbst über 100 Jahre später, am 22. Juni 1622 wurde Galileo Galilei von der Inquisition der Kirche gezwungen, seinen angeblichen Irrlehren abzuschwören: „Ich halte jene Meinung des KOPERNIKUS nicht für wahr und habe sie nie für wahr gehalten.„

10 **Willem Barents** (niederländisch: **Willem Barentsz).** * um 1550 im Dorf Formerum, auf der niederländischen Insel Terschelling; † 20. Juni 1597 auf der Insel Nowaja Semlja zwischen Barentssee und Karasee in der Arktis. Von 1594 bis 1597 war er an drei Expeditionsfahrten zur Entdeckung der Nordostpassage beteiligt. 1996 entdeckte er da heutige Svalbard, Spitzbergen. Nach ihm wurden die Barentssee (ein Teil des Nördlichen Eismeeres), die Barentsinsel (ein Teil der Inselgruppe Spitzbergen) und die Bergarbeitersiedlung Barentsburg benannt. Willem Barents gilt als Entdecker Spitzbergens. Er war der erste europäische Entdeckungsreisende der Neuzeit, der eine Überwinterung in der Arktis unternahm.

11 **Giovanni Caboto** (englisch: John Cabot, venezianisch Zuan Caboto; * um 1450 in Genua, Gaeta oder Chioggia,† nach 1498). Er war ursprünglich ein italienischer Seefahrer, fuhr aber später in englischen Diensten auf Entdeckungsreisen. In englischsprachiger Literatur

Jens Munk, ein Norweger, der schon mit zwölf Jahren zur See fuhr, unternahm 1609/1610 zwei Versuche, die Nordostpassage zu finden, die dramatisch scheiterten.[12] Zehn Jahre später versuchte er es erneut, wurde jedoch vom Eis mit 64 Mann Besatzung in der Hudson Bay eingeschlossen. Dabei überlebten nur er und zwei weitere Seeleute. Seitdem haben Generationen von Seefahrern versucht, dieses Königreich des „ewigen" Eises und Schnees zu erobern, und viele Forscher und Abenteurer bezahlten für ihr Vorstoßen in diese extrem lebensfeindliche Welt mit ihrem Leben.

Drei der berühmtesten und bekanntesten sollen hier noch genannt werden: Henry Hudson, nach dem der Hudson River und die Hudson Bay sowie die Hudsonstraße benannt sind. Hohe öffentliche Aufmerksamkeit erlangte John Franklin, der mit zwei Schiffen in der Zeit von 1845 bis 1848 verschollen ist und dessen Forschungssegelschiff HMS Erebus erst 2014 gefunden wurde; sein zweites Schiff, die HMS Terror, wurde 2016 gefunden. Sie waren über 150 Jahre unter unzugänglichem und menschenfeindlichem Eis begraben und unauffindbar. Über Roald Amundsen wurden im letzten Jahrhundert sogar Dokumentarfilme und mehrere dramatische Abenteuerfilme gedreht. Auch über den Polarforscher Robert Scott gibt es zahlreiche Dokumentar- und Abenteuerfilme. Der Film „Scotts letzte Fahrt" stammt aus dem Jahr 1948. Er handelt vom Wettlauf um die Eroberung der Antarktis gegen Roald Amundsen, bei der er und seine Männer verhungerten und erfroren.

Die nachstehende Liste gibt einen Überblick über berühmte Polarforscher, wobei nicht unterschieden wird, ob sie ausschließlich in der Arktis Forschungsreisen und -projekte durchgeführt haben; die meisten von ihnen waren sowohl in der Arktis als auch in der Antarktis unterwegs.

Berühmte Polarforscher

Name	* / † und Orte	Leistungen
Roald AMUNDSEN	* 16.7.1872 in Borge (N) † 18.6.1928 in der Nähe der Bäreninsel	Er erreichte am 14. Dezember 1911 nach einem dramatischen Wettlauf vor Robert Falcon Scott als erster Mensch den geografischen Südpol.

gibt es viele Hinweise als Entdecker auf ihn, wonach er als erster europäischer Entdecker des nordamerikanischen Festlandes im Jahr1497 gilt.

12 **Jens Munk** (* 3. Juni 1579 in Barbu, heute ein Stadtteil von Arendal, Norwegen; † 3. oder 23. Juni 1628 in Kopenhagen) war ein dänisch-norwegischer Seefahrer und Entdecker.

Willem BA-RENTS	* um 1550 auf Terschelling im Dorf Formerum (NL) † 20.6.1597 auf der Inselgruppe Nowaja Semlja	Nach ihm wurden die Barentssee (ein Teil des Nördlichen Eiusmers), die Barentsinsel (ein Teil der Inselgruppe Spitzbergen) und die Bergarbeitersiedlung Barentsburg benannt. Er gilt als Entdecker Spitzbergens und war der erste europäische Entdeckungsreisende der Neuzeit, der eine Überwinterung in der Arktis unternahm.
Vitus Jonassen BERING	* 30.8.1681 in Horsens (Ostjütland, DK) † 19.12.1641 in Awatscha (Beringinsel)	Er war dänischer Marineoffizier und Kapitän in russischen Diensten. Erste Kamtschatka-Expedition 1728–1730, zweite ab 1733. Als Kolumbus des Zaren bewies er die Trennung von Asien und Nordamerika.
Ranulph FINNES	* 7.3.1944 in Windsor	Er erreichte als erster Mensch über Land sowohl den Nord- als auch Südpol.
John FRAN-KLIN	* 15.4.1786 in Spilsby (GB) † 11.6.1847 auf der King-William-Insel, Arktis	Er war im Dienstgrad eines Konteradmirals Polarforscher, der in mehreren Expeditionen einen Großteil der nördlichen Küsten-gebiete Kanadas kartografierte und dessen vergebliche Suche nach der Nordwestpassage (1845–1848) mit 134 Toten als größte Tragödie einer Polarfahrt endete.
Arved FUCHS	* 1953 in Bad Bramstedt	Er erreichte 1989 als ers-ter Mensch auf Ski sowohl den Nord- als auch Südpol.
Matthew HEN-SON	* 8.8.1866 in Charles County (USA) † 9.3.1955 in New York	Bis heute ist strittig, ob er mit Ro-bert Edwin Peary der erste Mensch am Nordpol (1909) gewesen war.
Fridtjof NANSEN	* 10.10.1861 in Store Frøen (N) † 13.5.1930 in Oslo	Zoologe, Polarforscher, Entdecker – Expeditionen 1893–1896 Friedensnobelpreisträger; Entdecker der Transpolardrift.

Georg von NEU-MAYER	* 21.6.1826 in Kirchheim-bolanden (D) † 24.5.1909 in Neustadt/Weinstraße	Geophysiker, der u.a. meteorologische Messgeräte entwickelte, in einer Expedition (1901) die Antarktis erforschte und der Namensgeber für die drei deutschen Forschungsstationen (1981/1992/2009) auf dem Ekström-Schelfeis in der Antarktis ist.
Josephine PEARY	* 22.5.1863 in Forestville (USA) † 19.12.1955 in Portland (USA)	Sie begleitete ihren Mann 1891 und 1893 auf Expeditionen und beschrieb als Erste die Kultur der Inuit in My Arctic Journal und dem Kinderbuch The Snow Baby.
Robert Edwin PEARY	* 6.5.1856 in Cresson (USA) † 20.2.1920 in Washington D.C.	Er stand nach bis heute strittigen eigenen Angaben zusammen mit Matthew Henson am 6. April 1909 als erster Mensch am Nordpol.
Ernest SHA-CKEL-TON	* 15.2.1874 in Kilkea (IRL) † 21.3.1933 in Kopenhagen	Er leitete 3 Antarktis-Expeditionen: (Nimrod 1907, Endurance 1914, Quest 1921) und 1909 (vor der Erreichung durch Amundsen 1911) gelangte am nächsten an den geografischen Südpol.
Knud RAS-MUSSEN	* 7.6.1879 in Ilulissat (Grönland) † 21.3.1933 in Kopenhagen	Er erforschte die Kultur der Inuit und ihren Lebensraum; überquerte als Erster die Nordwestpassage mit einem Hundeschlitten.
James Clark ROSS	* 15.4.1800 in London † 15.4.1862 in Aylesbury (GB)	Er lokalisierte bei einer Expedition zum Nordpol am 1. Juni 1831 erstmals den nördlichen Magnetpol (damals auf der Halbinsel Boothia).
Robert Falcon SCOTT	* 6.6.1868 in Devonport (GB) † 29.3.1912 auf dem Ross-Schelfeis	Er erreichte am 17. Januar 1912 nach Roald Amundsen als zweiter Mensch den geografischen Südpol.
Alfred WEGE-NER	* 1.11.1880 in Berlin † 1930 in Grönland	Er entwickelte die Theorie der Kontinentalverschiebung 1912 und die Theorie des Superkontinents Pangaea.

Tab. 1: Berühmte Polarforscher

Mosaic-Expediton

Als aktuellste und größte Arktisexpedition darf die MOSAIC-Expedition[13] nicht unerwähnt bleiben. Der Forschungseisbrecher „Polarstern“, unterstützt von einer Flotte von sechs weiteren Eisbrechern und Forschungsschiffen, wurde als Forschungsplattform genutzt, um eingeschlossen auf einer Eisscholle 2019/2020 mit der Transpolardrift durch das arktische Meereis zu treiben. „20 Nationen haben sich zusammengetan, um die Geheimnisse des dramatischen Klimawandels der Arktis zu entschlüsseln. 80 Institute haben sich weltweit zu einem Forschungskonsortium für diese Expedition zusammengeschlossen. Insgesamt nahmen 500 Wissenschaftler und Helfer an den verschiedenen Phasen der Expedition teil, um zu untersuchen, wie sich die Luft, das Meer, der Schnee und das Eis der Arktis, das Ökosystem und die Biogeochemie, gegenseitig beeinflussen.“[14] Später wird in diesem Beitrag auf die internationale Zusammenarbeit noch einmal eingegangen werden.

1.1 Die Arktis – Definition/geografische Abgrenzung

„Terra nullius“, aus dem Lateinischen ins Deutsche übersetzt mit „Niemandsland", so bezeichnete der Jurist Camille Piccioni[15] die Insel Spitzbergen.[16] Damals, um die Wende zum 20. Jahrhundert, ging es um die Anwendung des Völkerrechts auf Spitzbergen, das rechtlich keiner formalen nationalen Souveränität unterstand. Dieser Begriff wird heute oftmals auf die gesamte Arktis bezogen erwähnt, was in zweierlei Hinsicht nicht ganz zutreffend ist. Einerseits ist die Arktis ein Ozean und kein Land und andererseits ist das Völkerrecht bezüglich der Ozeane heute geregelt. Der Begriff trifft also nicht zu. Eher scheint der griechische Begriff zutreffender zu sein, der nach der Bezeichnung des Sternbildes des „Großen Bären“ benannt ist, dem (Arktikós). Im geschichtlichen Zusammenhang gehören beide Begriffe dazu.

Zur Definition bzw. Abgrenzung der Arktis wird in der Regel der nördlichste Punkt als Schnittpunkt der Erdachse mit der nördlichen Erdoberfläche angenommen. Der geografische Nordpol ist die Antipode des geografischen

---

13 MOSAIC, Akronym für „**M**ultidisciplinary drifting **O**bservatory for the **S**tudy of the **A**rctic **C**limate “ (Multidisziplinares Driftobservatorium zur Untersuchung des Arktik-Klimas).

14 Vgl. auch www.awi.de. Offizielle Internetseite: https://mosaic-expedition.org/.

15 Camille Piccioni: 1859–1939.

16 1909. Mit der Pariser Friedenskonferenz 1919 wurde eine „Spitzbergenkommission“ eingerichtet, die Norwegen die nationale Souveränität Spitzbergens zusprach.

Südpols mit der festen Position der geografischen Breite von 90°, gemessen ab Äquator und 0° Nord. Zur bildlichen Abgrenzung auf der Erdkugel sei der magnetische bzw. geomagnetische Nordpol genannt.

Traditionell definieren Staaten die Arktis als „Land und See nördlich des Arktischen Polarkreises“ – ein Zirkel des Breitengrades ab 66,34° Nord.[17]

Die USA erweiterten diese Definition nach ihren Interessen im ARPA, dem Arctic Research and Policy Act von 1984: „all United States and foreign territory north of the Arctic Circle and all U.S. territory north and west of the boundary formed by the Porcupine, Yukon, and Kuskokwim Rivers; all contiguous seas, including the Arctic Ocean and the Beaufort Bering, and Chuchi Seas; and the Aleutian chain“.[18]

Um welche arktische Region es sich überblicksartig handelt, soll nachstehendes Bild in etwa darstellen und auch zeigen, wie nah sich die Staaten Russland und die USA geografisch sind. Details sind z. B. zu finden in dem Buch „Der Yukon-River und seine Nebenflüsse, ein Flussführer zu ausgewählten Flüssen in Alaska und dem Yukon-Territorium; Yukon, Tanana, Porcupine, Koyukuk und Kuskokwim River“. Es handelt sich bei diesen „Küsten“ also überwiegend um den östlichen Teil Alaskas.[19]

17 Definition gemäß AMAP, Arbeitsgruppe Arctic Monitoring and Assessment Programm, die sich auf die Ausdehnung von Salz- und Süßwassergebiete bezieht, www.amap.no; vgl. auch Bundesumweltamt, www.bundesumweltamt.de.

18 ARPA, Arctic Research and Policy Act, www.congress.gov.

19 In Zusammenhang mit den anderen Abbildungen wird auch deutlicher, wie nah Japan sowie Korea geografisch an der arktischen Beringsee liegen.

Abb. 1: Physische Geografie Alaskas und der Beringsee mit Schwerpunkt auf der Ozeanografie der Beringsee und des Kommandeur-Aleuten-Inselbogens[20]

Im Zusammenhang mit Pipelines, die später noch erwähnt werden, kann hier die TAP, die Trans-Alaska-Pipeline, genannt werden. Dies ist eine 1287 km lange Erdölleitung, die vom Norden Alaskas von der Prudhoe Bay nach Süden zum eisfreien Hafen Valdez am Prince William Sound verläuft.

Heute gibt es auch klimatische und vegetationsgeografische Abgrenzungskriterien, z. B. über die Juli-Isotherme von 10 °C oder die Baumgrenze. Zum Beispiel schließt sich der „Eiswüste“ des Nordens südlich davon die Tundra bis zum borealen Nadelwald der Taiga an. Im Zentrum der Arktis befindet sich unter dem Eis der arktische Ozean, ein ganzjährig zugefrorenes Meer. Das Eis ist dort ca. vier Meter dick und der Ozean 4.261 Meter tief.

Die beiden folgenden Abbildungen zeigen zunächst die arktischen Grenzlinien und dann die Arktische Region in Relation zu den europäischen Ländern.

[20] Diese Basiskarte ist von https://maps-for-free.com. Der Urheber dieser Basiskarte ist „Gretarsson“, Basiskarte von ©OpenStreetMap contributors vom 10. Februar 2017.

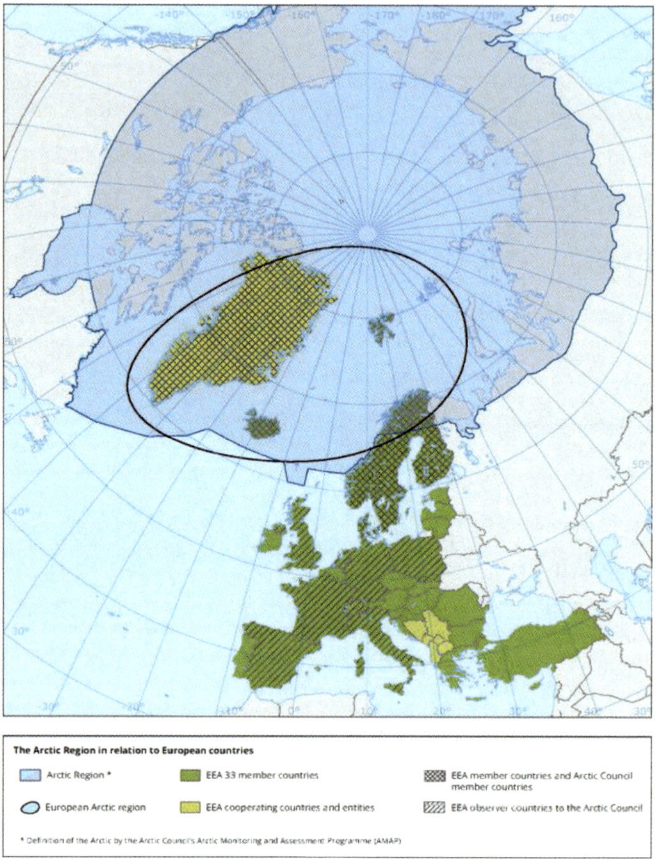

Abb. 2: Die arktische Region in Relation zu den europäischen Ländern[21]

[21] Die Quelle der Karte ist die Europäische Umweltagentur: „Die Karte EEA-Standard-Wiederverwendungsrichtlinie: Sofern nicht anders angegeben, ist die Wiederverwendung von Inhalten auf der EEA-Website für kommerzielle oder nichtkommerzielle Zwecke kostenlos gestattet, sofern die Quelle angegeben wird (https://www.eea.europa.eu/legal/copyright). Urheberrechtsinhaber: Europäische Umweltagentur (EEA).“ Erstellt am 27. Oktober 2014, veröffentlicht am 14. Juni 2014, geändert am 15. Juni 2014. (The Arctic Region in relation to European countries)

Abb. 3: Arktischer Ozean und Nordpolarregion. Die rote Linie markiert die 10-Grad-Celsius-Isotherme im Juli.[22]

Um nicht nur die geografische Abgrenzung der Arktis vorzunehmen, sondern sie auch von anderen Kontinenten und Ozeanen hervorzuheben, sind nachstehend die wichtigsten Unterschiede zwischen Arktis und Antarktis stichwortartig aufgeführt:

---

22 Ursprüngliche Quelle der Abbildung AMAP, hier entnommen aus Quelle „Sanao", abgeleitetes Werk (Übersetzung) von Arctic.svg, das selbst aus einer Vorlage aus dem CIA World Factbook erstellt wurde, datiert vom 16. Nov. 2013

10 Nennenswerte Unterschiede zwischen Arktis und Antarktis

Lfd. Nr.	Arktis	Antarktis
1.	Sie ist ein zugefrorener Ozean; der flachste Ozean weltweit.	Sie ist ein Kontinent, mit hohen Gebirgen bis zu 4000m Höhe.
2.	Es gibt Anrainerstaaten, A3 bzw. A5. Es gibt indigene Völker, die in der Arktis leben.	Sie grenzt an kein Festland; es gibt keine direkten Anrainerstaaten. Es gibt keine indigenen Völker in der Antarktis.
3.	Das Meereis ist durchschnittlich ca. 4m dick. Ihr Meereis unter-scheidet sich stark vom Landeis der Antarktis.	Die Eisdicke ist bis zu mehreren Tausend Metern dick, an der mächtigsten Stelle bis zu 4897m; es ist Landeis
4.	Es gibt Süßwasservorräte in den Eiskappen und den Gletschern Grönlands.	Speicherung von ca. 70% der weltweiten Süßwasservorräte.
5.	Durchschnittlich je nach Ort und Jahreszeit um die 30 Grad minus.	Durchschnittlich je nach Ort und Jahreszeit bis zu 60 Grad minus.
6.	Es gibt Strömungen, eine Transpolardrift, die aber nicht direkt zirkumpolar und nicht so stark ist wie in der Antarktis.	Es gibt einen starken antarktischen Zirkumpolarstrom.
7.	Es gibt Eisbären, keine Pinguine.	Es gibt Pinguine, keine Eisbären.
8.	UNCLOS-Vertrag von 1982 (Schifffahrt).	Antarktis-Vertrag von 1959/1961 – ausschließlich zur friedlichen Nutzung.
9.	Es gibt viele Staaten, mindestens 85 Staaten, die in der Arktis, aber teilweise auch gleichzeitig in der Antarktis, Forschungen betreiben.	Es gibt ca. 80 Forschungsstationen von 29 Konsultativstaaten (zum Teil ganzjährig, zum Teil nur im Sommer besetzt). Forschungsgebiete sind z.B.: Biologie, Klima, Meteorologie, Glaziologie, Ozeanografie, Geophysik u.a.
10.	Beispiel: viele international besetzte Stationen in Svalbard (Spitzbergen).	Beispiel Deutschland: seit 1981 die erste Georg-von-Neumayer-Station.

Tab. 2: Nennenswerte Unterschiede zwischen Arktis und Antarktis

2 Die aktuelle Situation in der Arktis – das Abschmelzen des Polareises

Die Bedeckung der Arktis mit Meereis betrug 1970 noch durchschnittlich rund 7 Millionen Quadratkilometer. Seit 2007 erreichte das Meereisminimum nie wieder eine Fläche von mehr als 5,3 Millionen Quadratkilometern.[23] Letztes Jahr ist das Meereis zum zweiten Mal besonders stark geschrumpft, und zwar auf 3,8 Mio. Quadratkilometer, und ein weiteres Abschmelzen wird sich nicht verhindern lassen.

War vor 40 Jahren das sogenannte Sommereis in der Nordwestpassage noch durchschnittlich 6 m dick, so hat es heute nur noch eine Dicke von etwa 1,80 m und ist als instabil zu bezeichnen. Der durchschnittliche Anstieg der Temperatur in der Arktis beträgt im Sommer derzeit drei Grad Celsius, sodass dort Plusgrade nichts Außergewöhnliches mehr sind und es heutzutage oftmals regnet, anstatt zu schneien. Der Temperaturanstieg im Winter liegt sogar bei sechs Grad. Im Vergleich zur UN-Klimakonferenz in Paris 2015, bei der sich 197 Staaten auf eine Begrenzung des Temperaturanstieges auf 1,5 Grad Celsius geeinigt haben,[24] zeigt dies die außergewöhnliche Situation in der Arktis. Fest steht, dass die Erwärmung an beiden Polen der Erde sehr viel stärker ausfällt als in gemäßigteren südlicheren Breiten oder gar in Äquatornähe.

In Tausenden von Publikationen, die in den letzten Jahrzehnten veröffentlicht wurden, erwähnen alle renommierten Arktisforscher das Abschmelzen des Polareises. Und die Geschwindigkeit der Eisschmelze schreitet derzeit mit dem Zwei- bis Zweieinhalbfachen der Erderwärmung um die gemäßigten Zonen progressiv an, bedingt durch zahlreiche Rückkopplungen; eine der bekanntesten ist die Eis-Albedo-Rückkopplung, die es auch in den Alpen gibt.[25]

[23] Da die Flächenausdehnung zwischen Sommer und Winter stark schwankt, wird hier von den durchschnittlichen Angaben im Sommer ausgegangen.

[24] Die Referenzwerte werden von der WMO, der Weltmeteorologieorganisation, in ihren Klimaberichten regelmäßig veröffentlicht.

[25] Die Eis-Albedo-Rückkopplung ist die Wechselwirkung zwischen Kryosphäre, der schnee- und eisbedeckten Erdoberfläche, und dem globalen Klima; es ist eine „positive Rückkopplung“, die die ursprüngliche Ursache weiter verstärkt.

Die Wechsel in der magnetischen Polung des Erdfeldes sind geologisch bestätigt, doch sind die Ursachen von Wechselwirkungen und Effekten noch nicht bekannt und schon gar nicht zuverlässig quantifiziert. Bei einigen der möglicherweise involvierten Variablen liegen nur unvollständige Information vor, z. B. welchen Einfluss die magnetische Umpolung auf die Temperaturen und damit auf Kalt- und Warmzeiten hat oder wie sich das „magnetische Schutzschild" verändert und welche Einflüsse aus dem All die Wetterbedingungen auf der Erde (wie stark) beeinflussen. Weiterhin gibt es große Ungewissheiten betreffend den Einfluss der Geschwindigkeit der Rotation des inneren Erdkerns auf das Erdmagnetfeld und letztendlich auf die Erdtemperaturen und damit auf das Schmelzen des Polareises und auf das Klima.[26]

Fakt ist: Das Eis der Arktis schmilzt.[27]

Unabhängig von den Ursachen des Temperaturanstieges gehen die Wissenschaftler davon aus, dass etwa im Jahr 2035 das Eis der Arktis komplett abgeschmolzen sein kann, vielleicht sogar schon 2030.

Aktueller Beweis sind die Forschungsergebnisse der einjährigen internationalen MOSAIC-Expedition mit dem Forschungsschiff Polarstern von September 2019 bis Oktober 2020, geleitet vom deutschen Alfred-Wegener-Institut.[28] An dieser Polarexpedition waren 20 Nationen beteiligt, aus denen sich 80 Institute zu einem Forschungskonsortium zusammengeschlossen haben. Insgesamt nahmen 500 Wissenschaftler an den verschiedenen Phasen der Expedition teil.

Heute leben fünf Millionen Einwohner nördlich des 60. Breitengrades, davon zwei Millionen russischer Nationalität und 1,5 Millionen Indigene aus 40 verschiedenen ethnischen Abstammungen.

---

[26] Philipp Rall: Erdkern ist zum Halt gekommen: „Überraschende Beobachtung" kündigt Richtungswechsel an, in Future Zone vom 24.01.2023, 13:42 Uhr.

[27] Das Eis schmilzt auch in der Antarktis und eine Gletscherschmelze bzw. ein Gletscherschwund ist auf allen Kontinenten zu verzeichnen, in Europa in den Alpen, in Asien im Himalaya, in Südamerika in den Anden, in Nordamerika in den Rocky Mountains sowie auch auf Neuseeland.

[28] Siehe Mosaic-Expedition: https://mosaic-expedition.org.

3 Die Folgen des Abschmelzens der polaren Eiskappe der Arktis

Diese dramatische Reduzierung des Polareises hat vielfältige Auswirkungen. Zum Beispiel nehmen die Niederschläge und „Regen-auf-Schnee-Ereignisse" zu. Das grönländische Eisschild schmilzt ab, sodass es einen Massenverlust Grönlands gibt. Die isostatische Gletscherdynamik wird unberechenbar. Durch das Schmelzwasser steigt der Meeresspiegel und es kommt zu veränderter Zirkulation des arktischen Ozeans und der anliegenden Ozeane.

Die stärkste pH-Änderung der Ozeane wird künftig in der Arktis erwartet, da die CO_2-Aufnahme durch schmelzendes Meereis erhöht wird; außerdem mindern die Süßwassereinträge durch das schmelzende Eis die Sättigung.[29] Der Permafrost verschwindet und die Methan-Emissionen steigen. Die indigene Bevölkerung ist einer Küstenerosion ausgesetzt und muss schwerwiegende wirtschaftliche und kulturelle Folgen befürchten. Sie müssen mit Gefahren und Einschränkungen ihrer Ernährungssicherheit und damit ihrer Gesundheit und bisherigen Lebensweise rechnen.

Durch das Schmelzen des Eises verlieren z. B. die arktischen Ringel- und Bartrobben und andere Robbenarten ihre Lebensgrundlage; denn sie ruhen auf Packeis und Eisbergen und ihre ärgsten Fressfeinde sind die Eisbären. Durch die Dezimierung bzw. das Verschwinden der Robben verlieren die Eisbären also ihre Lebensgrundlage. Durch die zunehmenden Wärmephasen verlieren die Karibus und Rentiere ihren gewohnten Rhythmus der Winter- und Sommerwanderungen. Zahlreiche Fischarten verlagern ihre Lebensräume in den arktischen Gewässern. Die Grundnahrung vieler Fischarten wie Algen, Zooplankton, Krill, Granat und andere Kleinstlebewesen zieht vielerlei Fische und bisher unbekannte Walarten an.

Die Nahrungsketten im arktischen Ökosystem sind im Vergleich zu anderen Nahrungsketten relativ kurz. Sie bestehen meist nur aus wenigen Gliedern. Meer- und Eisalgen werden von Zooplankton und Krill gefressen. Diese die-

[29] Die Abnahme des pH-Wertes verursacht eine Versauerung der Meere; diese entsteht durch die Aufnahme von Kohlenstoffdioxid aus der Erdatmosphäre. Der Vorgang zählt neben der globalen Erwärmung zu den Hauptfolgen der menschlichen Emissionen von Kohlenstoffdioxid.

nen Kabeljau, Hering und auch Bartenwalen als Nahrung. Die Fische werden von den arktischen Robben gefressen. Und die arktischen Robben sind die Nahrung der Eisbären, die das letzte Glied in der Nahrungskette sind; der Eisbär hat keinen natürlichen Fressfeind mehr.

4 Wirtschaftliche Begehrlichkeiten

Die Nordatlantikfischerei ist eine sehr wichtige Eiweißquelle für die Nahrungsversorgung Europas. Für die Nahrungsmittelversorgung der USA stammen 60 % der gefangenen Meerestiere aus Alaska. Die Erwärmung des Atlantiks im Allgemeinen und die der schottischen Gewässer treiben die Heringe und Makrelen immer weiter polwärts in die kälteren, sauerstoffreicheren und tieferen Gewässer nach Grönland und Island und die Färöer-Inseln. Auf den Kontinentalsockeln gehen die Fangpotenziale seit Jahrzehnten zurück und im Nordatlantik sowie im Nordmeer und der Arktis nehmen sie zu. Die Fanggründe konzentrieren sich dadurch im nordischen Eismeer.

Eine zunehmende Überfischung trägt ihr Übriges dazu bei, sodass sich kein Fischnachwuchs mehr entwickeln kann. Gesetzlich vereinbarte Fangquoten sind nur sehr schwierig zu messen und zu kontrollieren, und es gibt diesbezüglich eine große Grauzone. Deshalb ist mit einer weiteren gravierenden Veränderung des globalen Fischfangs zu rechnen, der derzeit jährlich ca. 85 Mrd. USD erwirtschaftet. Außerdem ist die Arktis ein lebenswichtiges Gebiet für viele wandernden Walarten.

Die Faktoren, die hier betrachtet werden sollen, sind die wirtschaftlichen Begehrlichkeiten, die durch die freiwerdenden maritimen Ressourcen entstehen können. Dazu gehören z. B. der Zugang zu Erzen und Mineralien, zu Uran, zu seltenen Erden und zu Gold sowie zu Diamanten und anderen Bodenschätzen. Als historische Beispiele sind Schweden mit seinen Eisenerzvorkommen und auf der Inselgruppe Svalbards (Spitzbergen) reiche Kohlevorkommen zu nennen. In Schweden befinden sich die reinsten und größten Eisenerzvorkommen, die für die internationalen Wirtschaftshandelssysteme von Interesse sind.

Zu den Begehrlichkeiten in der Arktis gehören insbesondere der Zugang zu Öl und Gas. Laut Untersuchungen der USGS, United States Geological Survey,[30] befindet sich ca. ein Drittel der bisher weltweit unentdeckten Öl- und Gasressourcen im arktischen Eismeer. Das entspricht einer Menge von et-

---

30 USGS, https:/www.usgs.gov. Die Angaben sind Wahrscheinlichkeitsberechnungen und Schätzungen geologischer Modelle des USGS. Sie basieren nicht auf tatsächlichen Explorationsbohrungen.

wa 90 Milliarden Barrel Erdöl und 50 Billionen Kubikmeter Erdgas. Und diese liegen fast ausschließlich in russischen bzw. russisch beanspruchten Gebieten.

Wird die Arktis wegen dieser Rohstoffquellen zu einer „Bonanza„? Was insbesondere in diesem Beitrag analysiert werden soll, ist die Öffnung der drei neuen ALCs (Arctic Lines of Communication), der zwei bzw. drei potenziellen Arctic Lines und die Realisierung der Schiffbarmachung. Zum einen ist dies die NEP (North East Passage), auch NSR (Northern Sea Route) genannt, die fast ausschließlich durch russisches arktisches See- und Eisgebiet führt und von Russland dominiert wird. Zum anderen ist es die NWP (North West Passage), die auf der kanadischen Seite den Atlantik mit dem Pazifischen Ozean verbindet. Die NSR (Northern Sea Route) ist die transpolare Route über den Nordpol und ein Teil der NEP, Nord-Ost-Passage, die allgemein unter dem russischen Begriff „Sevmorput“[31] für die innerrussischen Häfen- und Seegebiete und Passagen von und nach Osten in Richtung China und Pazifischer Ozean bekannt ist. Sie führt über die Meere des Arktischen Ozeans, die Karasee, Laptewsee, das Ostsibirische Meer und die Tschuktschensee.

Zusätzlich zu den Gütertransporten mit der Schifffahrt, die durch das Schmelzen des Polareises möglich werden, ist seit etwa zwei Jahrzehnten der zunehmende Kreuzfahrttourismus ein stetig zunehmender wirtschaftlicher Faktor, der nicht unerwähnt bleiben darf. War es vor der Jahrtausendwende nur möglich, mit einer Fähre von Europa zu den Färöer-Inseln und nach Island zu fahren, sind Reisen mit dem Schiff zu diesen Inseln inzwischen im Standardprogramm der Reisebüros. Genauso gehören Kreuzfahrten nach Grönland und in die Gewässer der NEW-Passage mit z. B. „Whalewatching“ als Touristenattraktion dazu. 2021 ist erstmals ein eisgangfähiges Luxuspassagierschiff, „Le Commandant Charcot“, bis zum geografischen Nordpol gelangt.

[31] Der Begriff wurde vom Namen des letzten nuklear angetriebenen Spezialfrachtschiffs Sevmorput übernommen. Es wurde 1983–1988 gebaut und ist nach mehreren Umbauten immer noch in Betrieb. Das Schiff wird nachfolgend nochmals erwähnt.

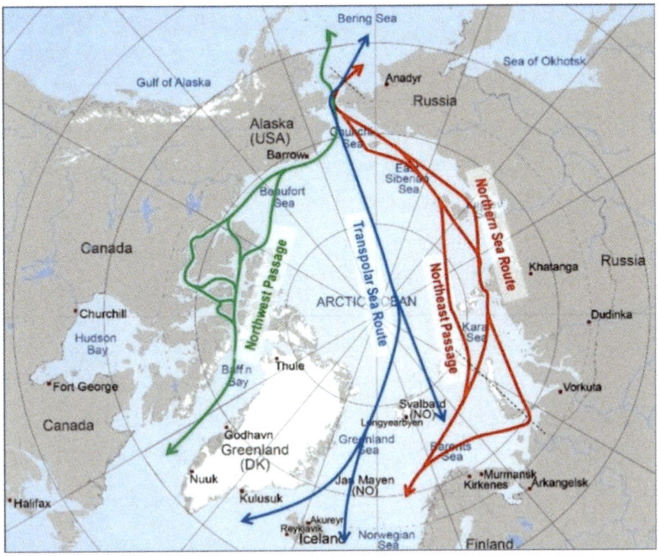

Abb. 4: Die Nordostpassage (NEP in rot), die Nordwestpassage (NWP in grün) und die Nördliche Seeroute (NSR in rot) sowie die Transpolare Route (TSR in blau)[32]

Die Nutzung dieser Seewege als Transitverkehr über die Arktis zu interkontinentalen Destinationen bringt eine Ersparnis pro durchschnittlicher Strecke von 4000 nm im Vergleich zum kontinentalen Umfahren über den Suez- oder Panamakanal (z. B. 4000 nm Wegeersparnis von Korea nach Rotterdam oder 4500 nm nach Schanghai). Schiffe können damit leicht ein Drittel, eher 40 %, ihrer Fahrzeit „einsparen" und damit sowohl viel Transitzeit als auch Schweröl als Kraftstoff sparen, was zu einer beachtlichen Kostenersparnis führt.

Dazu seien einige Transportbeispiele aus der Schifffahrt genannt:

Das erste Schiff, das über die Arktis durch die Nord-Ost-Passage fuhr, war 1969 die „MS Manhattan", ein sehr großer eisbrechender kommerzieller Öltanker.

2013 durchquerte der Massengutfrachter „MS Nordic Orient" der dänischen Reederei Nordic Bulk Carriers AS die NWP. 2018 durchquerte die „MS Venta Maersk" die Nordostpassage als erstes Containerschiff von Asien nach Europa.

[32] Quelle der Abbildung: The Barents Observer und Website des Bundesverkehrsministeriums, in: www.arctiportal.org, ohne Datum.

Von 2013 bis 2018 hat die chinesische Reederei COSCO 22 Durchfahrten durch die NWP durchgeführt, davon allein acht Mal im Jahr 2018. So hat COSCO heute ca. 350 arktiserfahrene Besatzungsmitglieder.

Seit 2017 verflüssigt die russische Raffinerie LNG 1 ca. 16 Mio. t Gas pro Jahr, das von eisverstärkten Flüssiggastankern der ARC7-Klasse wie dem Typschiff „Christophe de Margerie“[33] zu Kunden vor allem in Europa, aber auch in Asien, verschifft wird.[34]

Im September 2020 fuhr das atomgetriebene Containerschiff Sevmorput mit 206 mit Fisch beladenen Reefern (Kühlcontainern) von Kamtschatka nach St. Petersburg. Die Gesamtkapazität des Schiffes beträgt 1328 Reefer, sodass dieser Transit eher ein politisches Statement als ein profitables Geschäft war.[35]

Hier soll nicht unerwähnt bleiben, dass auch die französische Reederei Ponant 2021 mit der „Le Commandant Charcot“, einem der modernsten Luxuskreuzfahrtschiffe der Welt, zum ersten Mal den geografischen Nordpol angefahren hat.

In den Medien wurde in den letzten Jahren auch von den ersten Durchfahrten via der NEP und NWP durch eisgangfähige Marineschiffe verschiedener Nationen von politischen Sicherheitsexperten berichtet. Information und Daten über militärische Schiffsbewegungen sind jedoch in der Regel nicht öffentlich zugänglich. Insbesondere durch den Ukrainekrieg befindet sich die aktuelle politische Situation in der Arktis in einem starken Umbruch. Mit der Aufnahme Finnlands in die NATO stehen sich in der Arktis nur noch NATO-Staaten im Westen und Russland im Osten direkt gegenüber. Finnland hat eine 1340 km lange direkte Grenze zu Russland. Weil sich die militärischen Überwachungen und maritimen Patrouillen einer wirtschaftlichen Diskussion entziehen, wird diese Datenrecherche den Sicherheitsexperten überlassen und hier nicht weiter darauf eingegangen.

---

[33] Das Typschiff ist nach Christophe de Margerie benannt. Er war von Februar 2007 bis zu seinem Tod Vorstandsvorsitzender von Total S. A., * 6.8.1951 in Mareul-sur-Lay-Dissais (F), †20.10.2014 Flughafen Moskau-Wnukowo beim Start durch eine Kollision mit einem Schneepflug. Er wurde posthum mit dem russischen „Orden der Ehre,“ für seine Forschungen und Investitionen in Gas- und Ölprojekte in der russischen Arktis, insbesondere Yamal, ausgezeichnet.

[34] Der Flüssiggastanker Christophe de Margerie befuhr im Sommer 2017 zum ersten Mal die Nordostpassage ohne Eisbrecher- und Schlepperhilfe.

[35] Nilsen, Thomas: in The Barents Observer, Sevmorput segelt auf der Nordseeroute, die mit weniger als einem Fünftel der Kapazität beladen ist, vom 10.09.2020.

5 Die Anrainerstaaten, genannt Shareholders, „A5" und die Interessenstaaten, genannt Stakeholders, „A3" des AC, Arctic Council, sowie die Beobachterstaaten

Um die gemeinsamen Abkommen und Vereinbarungen und deren Entwicklung hervorzuheben, werden zunächst die wichtigsten internationalen Grundlagen, die für die Arktis relevant sind, stichpunktartig aufgeführt. Unabhängig davon sollte auch der „Antarctic Treaty" von 1959/1960 erwähnt werden, in dem die Vertragsstaaten die Antarktis als entmilitarisiertes Gebiet für **Peace and Scientific Research** vereinbart haben.

- 1946 UN-Übereinkommen zur Regulierung des Walfangs
- 1973 MARPOL, International Convention for the Prevention of Marine Pollution from Ships (IMO)
- 1973 Vereinbarung der Anrainerstaaten zur Bewahrung von Eisbären und zum Schutz von Karibus, Rentieren, Robben und Brutvögeln
- 1982 UNCLOS, United Nations Convention Law of the Sea
- 1984 ARPA, Arctic Research and Policy Act (Grenzdefinitionen)
- 1985 Montrealer Protokoll betreffend Stoffe, die die Ozonschicht abbauen
- 1991 Environmental Protection
- 1992 Internationales Übereinkommen über die biologische Vielfalt
- 1995 UN-Übereinkommen über wandernde und grenzüberschreitende Fischbestände
- 1996 Ottawa Declaration, Gründung des AC, Arctic Council
- 1996 Londoner Übereinkommen über die Verhütung der Meeresverschmutzung
- 2001 POP-Konvention, Stockholmer Übereinkommen zu Schadstoffen
- 2002 „Richtlinien für Schiffe, die in arktischen eisbedeckten Gewässern operieren"
- 2011 Vereinbarungen der AC-Mitgliedstaaten zu „SAR", Search and Rescue

2013 Agreement on Cooperation on Marine Oil Pollution, Preparedness and Response der AC-Mitgliedstaaten

2017 Polar Code der IMO, Regelungen betreffend Eisklassen; Design, Konstruktion, Ausrüstung von Schiffen, operationelles Training der Besatzungen, SAR; Umweltschutzmaßnahmen u. a.
Der Polar Code spricht von sieben arktischen Schifffahrtsrouten, von denen drei als mögliche Schifffahrtsrouten nicht infrage kommen und vier möglichen, erstens die NSR, Northern Sea Route, zweitens die NEP, Nord-East-Passage, drittens die TPR, Trans-Polar-Route und viertens die AB, Arctic Bridge.

Die Anrainerstaaten, genannt Shareholder, sind die „A5“, die fünf arktischen litoralen oder Küstenstaaten. Diese fünf sind Russland, die USA, Kanada, Norwegen und Dänemark mit Grönland. Die „A3“ sind die verbleibenden Mitgliedstaaten des AC, Arctic Council, mit Küstenlinien zur Arktis. Diese sind Finnland, Schweden und Island.[36]

Hierzu sind die in den UNCLOS (The United Nations Convention on the Law of the Sea) festgelegten 12 sm, 24 sm (Art. 31, und 33 (2)); die 200-sm-Zone, die EEZ, Exclusive Economic Zone und bilaterale Entfernungszonen (z. B. zwischen Norwegen und Russland 24,35 sm Varanger Fjord bzw. z. B. zwischen Dänemark und Kanada 39,41 sm Hans-Insel) zu erwähnen, auf die aber nicht näher eingegangen wird. Denn eine genaue geografische Festlegung ist sowohl technisch als auch geografisch und meteorologisch unter den Ländern sehr strittig. Einmal verändert sich die Geografie durch das Schmelzen des Eises. Dadurch kann sich der Festlandsockel verändern, indem neues Land über die Meeresoberfläche tritt. Zum Beispiel kamen auf der Inselgruppe Franz-Josef-Land neue Inseln mit einer Fläche zwischen 900 und 54.500 Quadratkilometer Größe hinzu. Diese neuen Inseln wurden 2019 durch russische Forscher während einer Expeditionsreise vermessen. Ein andermal verändert sich durch den Anstieg des Meeresspiegels das Messen des Festlandsockels. Die Höhe des Meeresspiegels wird auch durch das zufließende Süßwasser verän-

[36] Der AC, Arctic Council (Arktische Rat) hat sechs Arbeitsgruppen eingerichtet: die AMAP, Arctic Monitoring and Assessment Program, die CAFF, Conservation of Arctic Flora and Fauna, die PAMA, Protection of the Arctic Marine Environment, die EPPR, Emergency Prevention, Preparedness and Response, die SDWG, Sustainable Development Working Group und die ACAP, Arctic Contaminants Action Program. Siehe auch Anhang 16.

dert, da Salzwasser und Süßwasser unterschiedliche Dichten haben. Von allen Anrainerländern hat Russland die volle Kompetenz für die Kontrolle der „Sea Lanes of Communication". Schiffe, die die NEP nutzen wollen, sind verpflichtet, einen russischen Lotsen an Bord zu nehmen und russische Eisbrecher für ihre Unterstützungsleistung zu beauftragen und dafür Gebühren zu zahlen[37] (wie auch Gebühren für die Durchfahrten des Suez- bzw. Panamakanals anfallen). Die Dokumente und Schiffszertifikate sind 45 Tage vor der Durchfahrt von den Reedereien bei der russischen Aufsichts- und Genehmigungsbehörde einzureichen und entsprechende physische Kontrollen müssen in Kauf genommen und ggf. Auflagen erfüllt werden. Eine Passage kann jederzeit unterbrochen werden. Entsprechend diesen Aktivitäten und Kontrollen in der Arktis besitzt Russland eine kleine Flotte von Eisbrechern. Nur Kanada und die USA haben als weitere Anrainerstaaten noch eigene Eisbrecher. Die anderen Staaten besitzen keine Eisbrecher, die in der Arktis arbeiten können. Aber Singapur als Beobachterstaat, das jährlich von ca. 90.000 Schiffen passiert wird, ist technisch am Bau von Eisbrechern und Plattformen für die Arktis beteiligt. Zum Thema Eisbrecher folgen noch weitere Informationen.

Russland besitzt 30 % der Landfläche oberhalb des Polarkreises, damit umfasst es ca. die Hälfte der gesamten arktischen Küstenlinie. In diesen Gebieten wohnt etwa die Hälfte der Bevölkerung der gesamten Arktis. Russland dominiert zudem mit seinen Ressourcen: Es besitzt etwa 99 % der Gas-, 75 % der Ölreserven und 96 % der Platin-, 90 % der Nickel- und Kobalt- sowie 60 % der Kupferreserven in der Arktis. Insgesamt repräsentiert Russland 70 % des gesamten arktischen BIP als natürliche Ressource.

Am 02.08.2007 zitieren die BBC-Nachrichten Arthur Chilingarov, Russlands führenden Polarforscher, als die russische Flagge auf den Meeresboden unter dem Nordpol von einem U-Boot medienwirksam aufgestellt wurde, mit den Worten: „Die Arktis war schon immer russisch. Denn die Arktis ist weder eine Ausnahme noch von der internationalen Politik abgekoppelt. Die Arktis ist seit Jahrhunderten ein integraler Bestandteil der internationalen poli-

[37] Vgl. Rosatom oben, www.rosatom-europe.com. Analog zu den Gebühren z. B. im Suezkanal oder Panamakanal besitzt Rosatom ein Monopol auf sein Anbieten der Eisbrecherbegleitung in der russischen Arktis.

tischen, wirtschaftlichen, sicherheitstechnischen und technologischen Systeme.“[38]

Daher hat China, das ein sehr großes Interesse an den Rohstoffen der Arktis hat, Russland in den letzten 15 bis 20 Jahren bei der Exploration und Förderung der Rohstoffe mit Geldern in dreistelliger Milliardenhöhe unterstützt. Und es beansprucht für sich massiv den Beobachterstatus, denn es bezeichnet sich sogar als „Near Arctic State“.[39]

Die weiteren 13 Beobachterstaaten sind Deutschland, Frankreich, Großbritannien, Italien, Indien, Japan, die Republik Korea, die Niederlande, Polen, Schweiz, Singapur und Spanien, die an den Sitzungen des AC mit Delegierten teilnehmen. Darüber hinaus gibt es weitere Regierungs- und Nichtregierungsorganisationen mit Beobachterstatus. Der „Saami Council“ und „Raipon“ vertreten die indigenen Völker. Das wichtigste Gesetz, auf das sich alle Staaten beziehen, ist die 1982 in Kraft getretene UNCLOS, United Nations Convention on the Law of the Sea.[40]

Warum hat China ein so starkes Interesse? China veröffentlichte 2018 sein Weißbuch „China‘s Arctic Politic“. Warum bezeichnet es sich selbst als „Near Arctic State“, obwohl der nördlichste Punkt Chinas auf der Höhe Hamburgs und noch etwa 1500 km vom 60. Breitengrad entfernt liegt? Der nördlichste chinesische Hafen befindet sich in Dalian. Die Distanz von dort bis zum Nordpol beträgt über 5700 km. Von Hamburg bis zum Nordpol beträgt die Distanz 4052 km. Der Grund liegt darin, dass Peking damit offiziell Mitspracherechte fordert, es bekundet damit sein wirtschaftliches Interesse und ist deshalb auch ein bedeutender ausländischer Investor für Russland. Denn China hat in den Jahren von 2007 bis 2017 90 Mrd. USD in die nordischen Projekte mit Russland investiert.[41] Zum Beispiel will die Poly Group Corporation in

---

[38] BBC News, August 2, 2007: Russia plants flag under N Pole. World. http://news.bbc.couk/1/hi/world/europe/6927395.stm.

[39] Die chinesische Regierung erklärte sich in ihrem Weißbuch 2018 als „Near Arctic State„; vgl. z. B. https://english.www.gov.cn.archive.

[40] UNCLOS, United Nations Convention on the Law of the Sear, Vgl. z. B. http:www.un-org.com.

[41] Russland war ursprünglich gegen die Zulassung von China als Beobachterstaat beim AC, weil es in den Aussagen Chinas Besitzansprüche an die Arktis sieht. Deshalb könnte China die TPR anstatt die NEP bevorzugen.

die Entwicklung und den Ausbau eines Tiefwasserhafens in Archangelsk in der westlichen Provinz Russlands über fünf Milliarden US-Dollar investieren.[42]

Und wieso bringt sich Singapur mit ein, das etwas über ein Grad nördlich des Äquators liegt? Das liegt daran, dass der Stadtstaat einerseits nur 15 m über dem Meeresspiegel liegt und andererseits diesen zweitgrößten Hafen der Welt jährlich über 130.000 Schiffe passieren, meistens auf dem Seeweg nach China. Ähnlich gelagert sind die Interessen Indiens.

Hier nochmals ein tabellarischer Überblick über die A5, A3 und Beobachterstaaten:

Die Shareholder – die A5, The Arctic Five, Küstenstaaten – Hauptakteure (main players)				
Russland	Kanada	USA (Alaska)	Norwegen	Dänemark (Grönland)
Die Stakeholder – die A3, The Arctic Three – weitere Mitglieder des AC, Arctic Council – other players				
Finnland		Schweden		Island
Beobachter-Staaten des AC, Arctic Council				
China	Indien	Südkorea	Japan	Singapur
sowie weitere 13 Beobachterstaaten, z. B. Deutschland, Frankreich, Schweiz, Niederlande usw.				
Man unterscheidet weiterhin zwischen - nicht arktischen Staaten, - zwischenstaatlichen und interparlamentarischen Organisationen und - Nichtregierungsorganisationen.				

Tab. 3: Die Akteure der Arktis – die A5 und die A3 und Beobachterstaaten

[42] Poly Technologies is doing business in Russia as usual, in www.leave-russia.org vom 10.03.2023.

Folgende Ureinwohner der Arktis besitzen als ständige Teilnehmer ein garantiertes Beteiligungsrecht. Diese sind:

- der **Inuit Circumpolar Council** als Dachverband der Eskimos aus Grönland, Kanada, Alaska und Russland (mit ca. 180.000 Menschen),
- der **Saami Council** als Vertretung der Samen Norwegens, Schweden und Finnlands (mit über 100.000 Menschen),
- die **RAIPON** als Dachverband der indigenen Völker des russischen Nordens (mit ca. 250.000 Menschen),
- die **AIA**, Aleut International Association (mit ca. 15.000 Menschen),
- der **AAC,** Arctic Athabaskan Council (mit ca. 40.000 Menschen),
- der **GCI**, Gwich'in Council International (mit ca. 9.000 Menschen).

In nachstehender Tabelle soll versucht werden, für die Staaten des AC (A5- und A3-Staaten) ihre strategischen Prioritäten für die Arktis stichwortartig vergleichend darzustellen.

Strategische Prioritäten für die Arktis

Kanada (2015)	**Dänemark (2011)**	**Finnland (2016)**	**Island (2011)**	**Norwegen (2017)**	**Russland (2008, 2013, 2019)**	**Schweden (2011)**	**USA (2013/16)**
Ausübung von Souveränität	Strategische arktische Prioritäten	Nachhaltige Entwicklung	Arktischer Status	Kooperation mit Nachbarn	Ressourcenentwicklung	Klimaforschung	Fortgeschrittene Sicherheitsinteressen
Schutz der Umwelt	Nachhaltige Entwicklung	Schutz der Umwelt	Stärkung des AC, Arctic Council	Nachhaltige Entwicklung	Nationale Sicherheit	Schutz der Umwelt	Schutz der Umwelt
Ökonomische und soziale Entwicklung	Schutz der Umwelt	Multilaterale Lösungen	Multilaterale Lösungen	Schutz der Umwelt	Schutz der Umwelt	Nachhaltige Entwicklung	Internationale Kooperation
Stärkung der lokalen Bevölkerung	Multilaterale Lösungen		Kooperation mit Staaten und Stakeholdern		Frieden und Kooperation	Menschliche Dimension	Internationale Kooperation
			Nachhaltige Entwicklung		Multilaterale Lösungen		

Tab. 4: Strategische Prioritäten für die Arktis

Auffallend sind die gemeinsamen internationalen Forschungs- und Projektarbeiten betreffend den „Schutz der Umwelt", und zwar sowohl von den AC-Staaten als auch von den Beobachterstaaten. Beispielhaft werden neben dem ECONOR (Arbeitsgruppen des Economy of the North des AC)[43] unter anderem folgende Projekt als die geläufigsten genannt:

ICPP, Intergovernmental Panel on Climate Change, (2013)[44],
AHDR, Artic Human Development Report (2004)[45],
ACIA, Artic Climate Impact Assessment[46],
SLiCA, Survey of Living Conditions in the Arctic[47],
SWIPA, Survey, Water, Ice and Permafrost in the Arctic[48],
AMAP, Arctic Monitoring and Assessment Program.[49]

Wie unterschiedlich bereits die A5- und A3-Staaten hinsichtlich ihrer Größe sind, zeigen vor allem die Einwohnerzahlen:

Grönland 56.000 Einwohner
Island 334.000 Einwohner
Dänemark 5,8 Mio. Einwohner
Norwegen 5,4 Mio. Einwohner
Kanada 28 Mio. Einwohner
Russland 147 Mio. Einwohner
USA 328 Mio. Einwohner (Alaska ca. 733.000)

Im Vergleich hat China, das sich selbst seit 2018 als „Near Arctic State" bezeichnet, 1,4 Mrd. Einwohner.

Generell kann aufgrund der vielen Beteiligten und der unterschiedlichen Interessen, wobei die Beobachterstaaten mitberücksichtigt werden müssen, davon ausgegangen werden, dass ohne eine Kooperation ein Staat oder wenige einzelne Staaten nicht in der Lage sind, ihre Interessen durchzusetzen, weder politisch noch technisch-wirtschaftlich (finanziell).

Nicht zuletzt ist durch Forschungs- und Entwicklungsprojekte und gegebenenfalls Institutionen über die Jahrzehnte eine vertrauensvolle Zusammenarbeit entstanden. Unter dem Begriff „Schutz der Umwelt" arbeiten alle Staaten zusammen.

Dies erleichtert eine Einigung und eine dauerhafte Zusammenarbeit. Transnationale Netzwerke zwischen Polarforschern, Militärs, Diplomaten, in-

---

43 www.arctic-council.org.
44 www.ipcc.ch oder www.eea.europa.eu.
45 www.artic-health.org.
46 www.acia.amap.no.
47 www.norden.diva-oportal.org.
48 www.amap.no.
49 www.amap.no; www.arctic-council.org.

digenen Gemeinschaften und Umweltaktivisten (und manchmal auch über diese Gruppen hinweg) haben eine große Tiefe und zu einem Optimismus geführt, dass sogar Grenz- und Ressourcenkonflikte zwischen arktischen Staaten bewältigt werden können, wenn die politische Rhetorik auf einschneidende „Souveränitäts„-Rahmen verzichtet.

Aufgrund des Ukrainekrieges und der aktuellen politischen Situation darf die direkte geopolitische militärische Grenze Russlands auf der Ostseite und die der NATO-Länder auf der Westseite der Arktis nicht außer Acht gelassen werden. Die Arktis wird geostrategisch wieder in den politischen Vordergrund rücken. Deutlich wird dies an einer Aussage des stellvertretenden russischen Premierministers Dmitrij Rogozin, der bei einer Svalbard-Konferenz sagte: „Die Arktis ist ein russisches Mekka“ und „Wir sind in die Arktis gekommen und werden sie uns zu eigen machen“.[50] Er erklärte sogar, dass es einen Zusammenhang zwischen der Krim-Annexion im Jahr 2014 und der Arktis gebe: „Die beiden Dinge sind dasselbe“, nämlich eine Frage der „russischen territorialen Integrität“.[51]

Wenn Schweden und Finnland[52] in die NATO aufgenommen werden, sind alle A5- und A3-Staaten außer Russland Mitgliedstaaten der NATO.

Die folgende Tabelle soll einen Überblick über die verschiedenen Phasen der Militarisierung in der Arktis seit dem Kalten Krieg geben:

50 Rossi, Christopher, R.: Sovereignty and territorial temptation, 2018, S. 130.
51 Rossi Christopher, R. ebd., S. 131.
52 Finnland wurde inzwischen in die NATO aufgenommen.

Überblick über die verschiedenen Phasen der Militarisierung in der Arktis seit dem Kalten Krieg

	Kalter Krieg	**Unmittelbarer Zeitraum nach dem Kalten Krieg**	**seit 2007/2008**	**seit 2014**	**seit 2022**
Geopolitische Situation	Geostrategische Konfrontation	Zusammenführung und Entspannung	Zunehmende geopolitische Diskrepanzen	Offene geopolitische Konfrontation	?
Stand der Militarisierung in der Arktis	Hoch	Abnehmend	Zunehmend	Zunehmend, aber noch unterhalb des Levels des Kalten Krieges	?

Tab. 5: Überblick über die verschiedenen Phasen der Militarisierung in der Arktis seit dem Kalten Krieg

5.1 Infrastruktur und Kommunikationsmöglichkeiten, SAR (SOLAS)

Die IMO, International Maritime Organisation, hat die Ozeane und Meere in weltweite Seegebiete eingeteilt, und zwar nach der Distanz der Erreichbarkeit durch vorgeschriebene Navigations- und Kommunikationsgeräte. Diese Seegebiete werden mit A1, A2, A3 und A4 bezeichnet. Hintergrund sind sowohl navigatorische Vorschriften und Bedingungen als auch die SOLAS, Safety of Life at Sea, insbesondere die Kommunikationsausrüstung z. B. in SAR-Fällen, genannt GMDSS.[53] Für das Seegebiet A1 ist es Vorschrift, ein funktionsfähiges UKW-Sprechfunkgerät an Bord zu haben (DSG-Kurzwelle für diese „kurze" Reichweite). Dies ermöglicht es auf einem schwimmenden Fahrzeug, in einer Reichweite von maximal 30 bis 40 Seemeilen[54] von einer Küste entfernt

---

53 GMDSS: Synonym für Global Maritime Distress and Safety System.

54 Eine Seemeile entspricht 1852 Metern. (Berechnung: Erdumfang, ca. 40.000 km, geteilt durch 360 Grad sind rechnerisch 111,11 d. h., eine „Bogenminute" 111,11 geteilt durch 60 = 1 Minute = 1852 m.) Seemeilen sind auf Seekarten nur auf „Großkreisen", also Äquator und Längengraden, „Kreisen gleicher Länge" messbar, da die Breitengrade auf der Erdkugel unterschiedliche Längen haben.

mit einer Funkstelle an Land zu kommunizieren und im Notfall Hilfe zu rufen. Für das außerhalb von A1 liegende größere Seegebiet A2, das etwa bis zu 180 bis 200 Seemeilen entfernt von einer Funkstelle an Land reicht, muss das Schiff über ein DSC-Gerät (Digital Selective Call), also über eine Grenzwelle (Alarmfrequenz 2187,5 kHz) verfügen, sodass eine Funkverbindung an Land für diese Reichweite sichergestellt ist. Das Seegebiet A3 liegt noch weiter außerhalb der Küsten und schließt die Gebiete außerhalb von A1 und A2 mit ein, und die Funkverbindung muss durch mindestens einen geostationären Satelliten ununterbrochen abgedeckt werden und zur Verfügung stehen, was durch Inmarsat gegeben ist.[55] Das Seegebiet A4 befindet sich außerhalb der Seegebiete A1, A2 und A3 und besteht aus den beiden Polregionen bzw. Polkappen, also den Seegebieten nördlicher und südlicher Breite von 76°, in denen die Kommunikation nur noch über Kurzwelle gewährleistet werden kann. Für die Arktis, die nicht durch Inmarsat abgedeckt ist, existiert z. B. ein russisches satellitengestütztes Navigationssystem, GLONASS, Global Navigation Satellite System, und per EPIRB-Notfunkbake steht das COSPAS-SARSAT-Satellitensystem zur Verfügung.

Optische Seefahrtzeichen wie z. B. Fahrwasserbegrenzungen, Baken, Leuchttürme, Peilstationen usw. stehen in der Arktis nicht zur Verfügung. Terrestrische Navigation ist aufgrund der sich dynamisch bewegenden Eismassen nicht möglich, denn innerhalb kürzester Zeit können sich Eisschollen zu meterdicken Presseisrücken zusammenschieben. Technische Navigation ist nur mit sehr speziellen GPS-Systemen bedingt möglich. Astronomische Navigation, soweit diese überhaupt möglich ist, ergibt zur Positions- und Fahrtbestimmung eines Schiffes navigatorisch keinen Sinn. Erschwert wird die Navigation durch die extremen Helligkeits- und Nachtbedingungen im Sommer und Winter; im Winter auch noch durch Polarwirbel und Polarlichter.

Französische, amerikanische und japanische Unternehmen sind führend in der Kommunikationstechnologie durch Glasfaserkabel auf Land und in den Ozeanen. Die Marktführer sind Alcatel Submarine Networks (ASN, Frankreich), Subcom (USA) und NEC (Japan). Die Kontrolle über die Infrastruktur des Internets ist ein strategischer Vorteil. Deshalb hat China seine Absicht verkündet, sein Internet-Netzwerk durch die BRI, Belt and Road Initiative, mit Unterwasserkabeln zu verlegen. Huawei und China Telecom sind die nationalen chinesischen Champions dafür.

---

55 Vgl. auch GMDSS, Global Maritime Distress and Safety System, www.gmdss.org.

Derzeit ist die Internet-Infrastruktur und -Verbindung in der Arktis noch ein technischer „Flickenteppich", soweit überhaupt vorhanden. Alaska ist durch einen Mix an Satelliten, z. B. TERRA Network, verbunden. Die USA sind auch der einzige Staat, der Unterwasserkabel benutzt. Die Geschwindigkeit ist extrem langsam. Im kanadischen Yukon gibt es ein Netzwerk terrestrischer Kabel. Nunavut hat eine langsame, teure und limitierte Verbindung zum Internet mit unregelmäßigen Unterbrechungen, die zwischen wenigen Minuten und bis zu 16 Stunden dauern können. Seit 2009 hat jede Stadt in Grönland mit mehr als 70 Einwohnern eine Satellitenverbindung, womit 95 % der Bevölkerung verbunden sind. Seit 1994 ist Island mit dem Internet verbunden. Norwegen hat durch Glasfiber das beste Internetnetz auf 4G-Niveau. Schweden hat das beste terrestrische Infrastrukturnetz auf 4G-Niveau. Bis auf die Standorte der Öl- und Gasexploration in Russland haben die Küstenorte und östlichen Regionen Russlands keine Internetverbindung.

In Alaska startete 2017 das Unternehmen Quintillion mit einem Projekt, um fünf Orte mit Glasfieberkabel zu verbinden. 2000 begann in Russland das Unternehmen Polarnet das 1,9 Mrd. Dollar-Projekt R.O.T.A.C.S. (Russian Optical Trans-Arctic Submarine Cable System). Das finnische Staatsunternehmen Cinia Group Oy verkündete 2016, ein 10.500 km langes Unterwasserkabel durch die NWP zwischen Norwegen, Russland, Japan und China zu verlegen. Cinia arbeitet auch mit China Telecom an gemeinsamen Projekten (z. B. BRI, Belt-and-Road-Initiative). Alle bisherigen Telekommunikationsprojekte wurden mit einem Mix von öffentlichen und privaten Geldern finanziert.

GAFAM, Google, Apple, Facebook, Amazon and Microsoft[56] wachsen mit dem Ausbau von G5 und dem IoT, Internet of Things. Die Zunahme an Datenspeichern erhöht den Bedarf an Datacentern, besonders für die nordischen Länder.

Die Infrastruktur für die Navigation aufzubauen scheint in absehbarer Zeit unmöglich. Denn dazu bedarf es der Zusammenarbeit aller Akteure der Arktis. Zudem sind bisher nicht abschätzbare Kosten in zwei oder gar dreistelliger Milliardenhöhe zu erwarten, die weder von Staaten noch von privaten Wirtschaftsakteuren geleistet werden können. Eine Zeitplanung ist durch die sich ständig wandelnden Umweltbedingungen aus heutiger Sicht und nach derzeitigem Kenntnisstand nicht möglich. Zum Beispiel schätzt die russische Regierung die notwendigen Investitionen für den Ausbau von ICT, Informations-

---

56 GAFAM, Akronym für Google,Apple, Facebook, Amazon und Microsoft.

and Communication Technology, von 2019 bis 2029 auf 143 Mrd. Euro. Aber ohne die notwendige ICT-Infrastruktur wird eine Entwicklung der Schifffahrtstransportrouten nicht möglich sein.

Die folgende Skizze zeigt die Schiffspolarroute, insbesondere den Vergleich der Südroute durch die Malakkastraße und den Suezkanal, zur geplanten NSR – „Polar Silk Road".

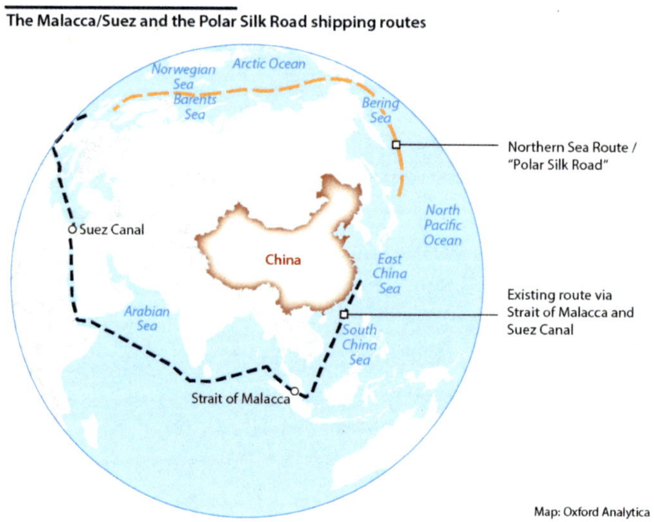

Abb. 5: Vergleich der Malakka/Suez-Route von China nach Europa mit der Polaren Seidenstraße (Silk-Road-Schifffahrtsroute)[57]

China hat in den letzten zehn Jahren die weltweite Zahl seiner Handelsbasen (Stützpunkte in Häfen und modale Güterumschlagplätze an Land) ausgebaut. Es hat in dieser Zeit seine Basen in der Antarktis verdoppelt, acht Expeditionen in die Arktis entsandt und dort neue Stützpunkte eingerichtet.

Als Beobachterstaaten dürfen aber auch andere asiatische Staaten wie z. B. Japan, Korea, Singapur und Indien nicht unerwähnt bleiben. In Europa gehören Großbritannien, Italien, die Niederlande, Polen, Schweiz und Spanien zu den Beobachterstaaten. Zu diesen Staaten kommen noch 13 Regierungs- und 12 Nichtregierungsorganisationen hinzu.

[57] Quelle: Oxford Analytica, mit freundlicher Genehmigung, Francis Deschamps, Paris/Frankreich vom 17.04.2023.

5.2 Eisklassen und Eisbrecher

Ohne Eisbrecher ist eine Passage unmöglich.

Ohne Eisklasse, also ohne eine spezifische Bauweise (z. B. Stahl und Konstruktion) und besondere technische und personelle Ausrüstung eines Transportschiffes ist das Befahren der arktischen Gewässer nicht erlaubt und auch nicht möglich. Denn jedes „normale Schiff“ würde durch die Eismassen erdrückt und fahrunfähig werden.

Norwegen, Schweden und Finnland haben für die nordöstliche Ostsee und ihren Anteil am nordischen Eismeer eigene einheitliche Eisklassen für ihre Schiffe und Eisbrecher erlassen. Sie reichen von III, diese Einstufung entspricht einem „normalen eisgängigem Schiff“ bis zu 1A Super, diese Einstufung bedeutet, der Eisbrecher ist für „extreme Eisverhältnisse“ (Eisdicke bis 1 m) geeignet.

Bei der höchsten Eisklasse dieser skandinavischen Länder beginnt erst die niedrigste Eisklasse Russlands. Die niedrigste Eisklasse „LL4“ entspricht einer Eisdicke von über 1 m bei einer Antriebswellenleistung der Maschine unter 11.032 kW und die höchste Eisklasse, genannt „Eisbrecher9“, entspricht einer Eisdicke bis 4 m bei einer Antriebswellenleistung der Maschine von 48.000 kW.

Die anderen Länder der Polarregion haben alle ihre eigenen Eisklassen.

Ergänzend seien die baltischen Eisklassen Deutschlands des GL, Germanischen Lloyd, erwähnt. Die niedrigste ist „E“ (Eisdicke bis 0,15 m) und die höchste E4 (Eisdicke bis 1,0 m). Die arktischen Eisklassen des GL werden mit ARC 1 (entspricht etwa der baltischen Eisdicke) bis ARC 7 klassifiziert.

Insgesamt gibt es weltweit etwa 120 Eisbrecher.

Die größte Eisbrecherflotte der Welt und das stärkste Schiff, die 50 Years of Victory, besitzt Russland. Insgesamt wird die russische Eisbrecherflotte auf 40 Eisbrecher geschätzt, von denen sich mindestens die Hälfte immer im Einsatz befindet.[58]

Die USA besitzen zwei funktionsfähige Eisbrecher, die „Healy“ und die „Polarstar“, die beide über 40 Jahre alt sind und ihr Alterslimit längst überschritten haben. Sie werden operativ von der Coast Guard geführt. Aktuell erwähnenswert ist ein Polar-Security-Cutter-Programm, womit die Rekapita-

---

[58] Die Zahl ist eine Schätzung, weil offiziell nicht bekannt ist, welche Eisbrecher ein sog. gültiges Klassenzertifikat ihrer Eisklasse besitzen bzw. materiell und personell zu 100 % einsatzfähig und einsatzbereit sind. Darüber hinaus sind die Werftliege- und Instandsetzungszeiten nicht bekannt, sodass die einsatzfähige Zahl an Eisbrechern schwankt.

lisierung der alten Eisbrecher finanziert werden soll. Dieses Programm läuft seit 2019, das Neu- bzw. Ersatzbauprogramm für sechs Eisbrecher. Das Typschiff befindet sich im Bau und das Projekt soll bis 2026 abgeschlossen sein. Bauwerft ist die (damit völlig unerfahrene) Werft VT Halter Marine, die im November 2022 von der Bollinger Shipyards übernommen wurde.

Die zweitgrößte Eisbrecherflotte der Welt besitzt Kanada mit einer Zahl von 18. Derzeit werden die älteren Einheiten durch zwei Neubauten ersetzt; ein Neubau erfolgt auf der Seaspan Shipyards in Vancouver und einer in der Davie Shipbuildung of Lévis in Quebec. Die kanadische „Coast Guard" betreibt die Eisbrecherflotte mit Eisbrechern in unterschiedlicher Größe.

Die Nordwestpassage zwischen Kanada und Grönland und zum Teil Alaska führt durch eine zerklüftete Inselwelt.

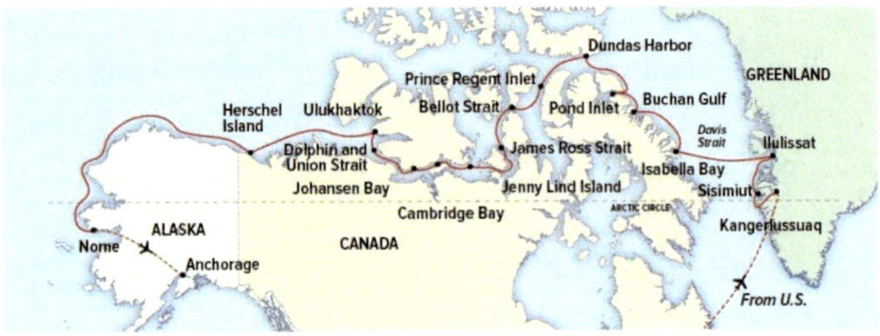

Abb. 6: Die Route der Nordwestpassage (NEP) zwischen Grönland und Kanada[59]

Abrundend ist zu Kanada zu sagen, dass es drei arktische Territorien besitzt, erstens den Yukon im äußersten Nordwesten Kanadas, an Alaska grenzend, zweitens etwas östlich in der Mitte das Nordwest-Territorium und drittens Nunavut, der gesamte nördliche Inselbereich; Letzteres wird von einer Inuit-Mehrheit unter den Bedingungen eines Abkommens über Landansprüche und Selbstverwaltung von 1997 regiert.[60] Statistiken zeigen eine Population im Yukon von ca. 40.000 Einwohnern mit einer Wachstumsrate von 12 %, 45.000 Einwohnern im Nordwest-Territorium und 39.000 Einwohnern in Nunavut. Insgesamt wohnen etwa 150.000 Menschen in der kanadischen Arktis in Manitoba, Quebec und Neufundland und Labrador.

China besitzt zwei Eisbrecher und ist dabei, weitere Investitionen in die Beschaffung weiterer, unter anderem auch nuklear angetriebener Eisbrecher

59 Alia Mainman: Segeln Sie durch die Nordwestpassage, in Lindblad Expeditions, www.world.expediton.com, ohne Angabe eines Datums.

60 www.eia.gov.ut.ca.

zu tätigen. Ein erstes arktisches Versorgungsschiff mit der Eisklasse 1A wurde 1993 auf der Kherson Shipyard in der Ukraine gebaut und 1994 von China für umgerechnet 10 Mio. DM gekauft. Er ist inzwischen außer Dienst gestellt. Ein zweiter 122 m langer Eisbrecher, Xue Long, übersetzt „Schneedrache", wurde mit ausländischer technischer Unterstützung (Finnlands Aker Arctic Technology) gebaut. Ein zweiter Eisbrecher, gleicher Bauart, „Xue Long 2", wurde im Auftrag des Chinesischen Polarforschungszentrums in China gebaut und 2019 in Dienst gestellt. Er ist für die Versorgung der seit 2004 eröffneten Polarforschungsstation „Huanghe" auf der Inselgruppe Svalbard (Spitzbergen) vorgesehen.[61] Für den Kreuzfahrttourismus in der Arktis operiert China bereits mit Eisbrechern und weitere sind in China im Bau, mit bedingter Beteiligung der finnischen Werften. Damit will China von ausländischem technischem Knowhow unabhängig werden. Norwegen und Schweden haben je drei Eisbrecher. Eine Unterscheidung in unterschiedliche „Eisklassen" erfolgt hier nicht, weil in der Literatur „Mehrzweckschiffe" angegeben ist.

Betreffend den Bau von Eisbrechern nimmt Finnland die führende Position in der Welt ein. Mit zwei Werften, der AARC, Aker Arctic Technology,[62] und der Helsinki Shipyard Oy, steht Finnland unangefochten an der Weltspitze. In Finnland wurden bisher 72 der weltweit 120 Eisbrecher gebaut. Der größte Eisbrecher in der Geschichte Finnlands ist derzeit im Bau und soll im Winter 2025 ausgeliefert werden.[63] Auftraggeber und Kooperationspartner ist Rosatom. Rosatom, die russische Behörde, dic für die Eisbrecherpassagen zuständig ist, plant (derzeit) den Bau des größten Nuklear-Eisbrechers der Welt mit über 180 m Länge und über 34 m Breite. Dieser Eisbrechertyp soll bis zu 4,5 m dickes Eis durchbrechen können.[64] Bereits 2021 ist ein 33.500 Tonnen[65] schweres Typschiff „Arktika" mit einer Länge von 173 m zu Testfahr-

---

61 Es handelt sich bei der Xue Long eher um ein mit eisfähigem Rumpf konstruiertes Transportschiff und weniger um einen für die NEP geeigneten Eisbrecher.

Seit der Jahrtausendwende wurde China in internationalen Arktisgremien und Wissenschaftszusammenschlüsse aktiv, z. B. IASC, Internationales Arktisches Wissenschaftskomitee, NySMAC, Ny-Ålesund Science Managers Committee. 2013 wurde China als ständiger Beobachter im AR, Arktischen Rat, zugelassen.

62 Alwin Pipper: Nordisch.info, Großauftrag für die finnische Schifffahrtsindustrie, Größter Eisbrecher in der Geschichte Finnlands wird gebaut, vom 23.02.2022.

63 Aker Arctic (2017). Yamalmax Arctic LNG carriers. Akerarctic.fi/en/references/built/yamalmax-artic-lng-carriers.

64 www.rosatom-europe.com.

65 Bei den Tonnenangaben handelt es sich hier nicht um den üblicherweise in der Schifffahrt

ten ausgelaufen. Vier weitere Schiffe namens „Sibir", „Ural", „Yakutia" und „Chukotka" sollen bis 2026 folgen. Militärische Eisbrecher wie z. B. der 8500 Tonnen schwere „Iwan Papanin", der 2019 in Dienst gestellt wurde, sind mit einer Artilleriebewaffnung ausgerüstet. Zwei weitere sind nach der vorherigen Indienststellung der „Ilja Muromez" 2017 in Auftrag, die zusätzlich noch mit Marschflugkörpern an Bord ausgestattet sind. Bei weiteren drei modifizierten, moderneren Eisbrechern dieses Typs ist die Auftragsvergabe abgeschlossen.

Ergänzend sollen zum Verständnis der technischen Prüfung und der Ausstellung von Klassenzertifikaten für Schiffe einige Klassifizierungsgesellschaften genannt werden. In Deutschland war es der GL, Germanische Lloyd, der vor ca. zehn Jahren mit dem DNV, De Norske Veritas fusionierte und seit zwei Jahren unter DNV firmiert. Weitere sind:

LRS	Lloyds Register of Shipping	Großbritannien
BV	Bureau Veritas	Frankreich
RINA	Registro Italiano Navale	Italien
NKK	Nippon Kiji Kyökai	Japan
ABS	American Bureau of Shipping	USA
CCS	China Classification Society	China

Es gibt 30 weitere Klassifikationsgesellschaften. 11 davon sind in der Dachorganisation IACS, International Association of Classification Societies, zusammengeschlossen. In den entsprechenden Gesetzen der Schifffahrtsregister der einzelnen Länder ist geregelt, welche Klassifikationsgesellschaften für technische Schiffsprüfungen akzeptiert werden und für das Ausstellen der Schiffszertifikate zugelassen sind.

Zum Thema Eis im arktischen Eis- und Polarmeer ist es unerlässlich, auf dessen Risiken und Gefahren hinzuweisen. Geschichtlich bekanntestes Beispiel ist der Untergang der Titanic am 15. April 1912 vor der Küste Neufundlands im Atlantik. Anschließend wurden viele Sicherheitsmaßnahmen ergriffen, unter anderem der Ausbau der gerade gegründeten IPP, International Ice Patrol Iceberg Sightings Database, der Eisberg-Sichtungsdatenbank.

---

benutzten Begriff von Brutto- oder Nettorauminhalt der Eisbrecher, also die Tragfähigkeit eines Schiffes, sondern in diesem Fall um die „Verdrängung", gemeint ist die Wasserverdrängung, der Eisbrecher.

6 Explorationsprojekte in der Arktis

An erster Stelle sticht das Projekt einer Verflüssigungsanlage LNG-1 (Liquid Natural Gas) auf der Halbinsel Yamal mit einem Finanzvolumen von ca. 27 Mrd. USD hervor.[66] Initiator ist der Konzern Novatec mit 50,1 % Anteil, das größte private Wirtschaftsunternehmen Russlands auf dem Energiesektor. Mit je 20 % sind das französische Unternehmen Total Energy und der staatliche Energiekonzern CNPC (China National Petroleum Corporation) beteiligt sowie Chinas Silk Road Fund mit 10 %. Das geförderte Gas im Rahmen dieses Projekts wird durch spezielle Eisbrecher-LNG-Carrier, die durch eine Kooperation zwischen der Arker Arctic Technology, Yamal LNG und Daewoo Shipbuilding and Marine Engineering (SDME) konstruiert und gebaut wurden, zu den internationalen Märkten verschifft.

Das Projekt LNG2 hat vor Kurzem begonnen. Die Baukosten betragen ca. 21 Mrd. USD. Geplanter Fertigstellungstermin ist 2023. Dann sollen dort über 21 Mio. t pro Jahr verflüssigt werden.

Als drittes Projekt soll zukünftig auf der Halbinsel Yamal mit dem Bau der Anlage „Ob-LNG" begonnen werden. Das Ziel Russlands ist es, den eigenen Anteil am globalen Energiemarkt, der bei Beginn der Projekte bei nur 4 % lag, auf 20 % zu erhöhen.

Weitere arktisch-maritim orientierte Großprojekte sind z. B. das Indiga-Seehafenprojekt in der Autonomen Region Yamal-Nenzen. Dort soll ein Ausfuhrhafen für den Export von 50 Mio. t Steinkohle pro Jahr errichtet werden.

Beim Lawna-Projekt soll für 340 Mio. USD ein Ausfuhrhafen entstehen, der auf den Export von 18 Mio. t Kohle pro Jahr ausgelegt ist. Nach zwei Jahren Bauzeit war die Inbetriebnahme im Jahr 2021.

Weitere Projekte für den Ausbau von bestehenden Häfen und den Neubau von z. B. Tiefseehäfen und weitere universelle, multimodale Waren- und Transport-Umschlagskomplexe für den Abbau und Transport von Kohle, Erzen, Öl- und Gas sowie Containertransporte sind bereits im Bau oder in fortgeschrittener Planung. Eine Übersicht kann man auf der Homepage der „Ger-

---

[66] Gazprom. „Yamal Megaproject". http://www.gazprom.com/about/production/projects/megayamal/. Total. „Yamal LNG: The gas that came in from the cold." https://www.total.com/en/energy-expertise/projects/oil-gas/lng/yamal-lng-cold-environment-gas.

man Trade & Invest“ finden, der Agentur für Außenwirtschaft der Bundesrepublik Deutschland.[67]

Ziel Russlands ist, seinen Export von 8 Mio. Tonnen im Jahr 2018 auf 80 Mio. t bis 2025 zu steigern.

2018 hat die CDB (China Development Bank) 10 Mrd. USD in diverse Projekte im Rahmen der „Belt and Road-Initiative“ (BRI) investiert.

2019 wurden das Projekt „Altai-Gaspipeline“ – bekannt unter Namen „Power of Siberia 2“ – sowie die „Far East Pipeline“ von Sachalin in den Nordosten Chinas gestartet. Daneben gibt es mehrere große Eisenbahn- und Straßenbauprojekte, die die Verkehrspotenziale im russisch-chinesischen Grenzgebiet verbessern sollen. 2018 betrug Russlands Anteil am LNG-Weltmarkt 8 %. Dieser soll bis zum Jahr 2025 auf 20 % ausgebaut werden.

Einige Zahlen zum rasanten Anstieg des Handelsvolumens zwischen Russland und China in den letzten beiden Jahrzehnten seien genannt: 2004 hatten Russland und China ein Handelsvolumen von nur 10,4 Mrd. USD. Zum Vergleich: Japan und die USA hatten im gleichen Jahr 170 Mrd. USD, es war also gut 15-mal höher. 2008 war zwischen Russland und China bereits eine Steigerung von 40 % auf 14 Mrd. USD zu verzeichnen. 2014 betrug das Handelsvolumen dann schon 90 Mrd. und im Jahr 2018 insgesamt 108 Mrd. USD. Das Ziel, im Jahr 2020 ein Handelsvolumen von 200 Mrd. USD zu erreichen, wurde wegen des Ukrainekrieges und der zunehmenden Ost-West-Spannungen auf 2024 verschoben.

Handelsvolumen zwischen Russland und China:

2004	10,4 Mrd. USD
2008	14 Mrd. USD
2014	90 Mrd. USD
2018	108 Mrd. USD
2020	200 Mrd. USD geplant, auf 2024 verschoben

Vertraglich hat Gazprom der CNPC eine 30-jährige Belieferung mit russischem Erdgas im Wertvolumen von 400 Mrd. USD zugesichert. Die Preisspanne liegt zwischen 300 und 370 USD pro 1000 Kubikmeter. Diese ist damit erheblich geringer als der Preis an asiatischen Spotmärkten, aber nah an der Marke von 380 USD, die durchschnittlich an westlichen Märkten gezahlt werden.

---

[67] www.gtai.de.

Laut Medienberichten hat Gazprom im Jahr 2022 einen Rückgang von 20 % seiner Gas- und Öleinnahmen hinnehmen müssen. Denn durch den Ukrainekrieg und die Sanktionen sowohl der EU als auch einzelner EU-Länder hat es eine weltweite Verschiebung bei den Lieferländern für den europäischen Öl- und Gasimport gegeben. Die weltweiten Gas- und Ölpreise haben sich nach anfänglichem Hochpreisen wieder stark zuungunsten Russlands verändert. Weil Russland auf die Absatzmärkte in China und Indien als Ersatz angewiesen ist, setzen diese Länder kräftige Preisnachlässe durch. Ein Grund dafür ist, dass China am Ende der 3000 km langen Pipeline der einzige Abnehmer ist und dadurch größeren Einfluss auf den Preis hat als Russland als Lieferer. Auf dem Seeweg müssen nun russische Öltanker Tausende Kilometer längere Strecken über den Suez-Kanal und Singapur Richtung Osten fahren, um die asiatischen Kunden beliefern zu können. Die Transportkosten steigen dadurch unverhältnismäßig stark an, sodass für Russland der Ölexport finanziell noch unattraktiver wird.

Auf Grönland gibt es vier Explorationsprojekte für Eisenerz und Kupfer, und zwar auch mit Beteiligungen chinesischer Unternehmen, die aber im Vergleich zu den russischen als unbedeutend erscheinen. Im Südwesten sind es das „Projekt Isua“ für Eisenerz durch die General Nice Development Ltd aus Schanghai und das „Projekt Kvanefjeld“, RRE-Projekt von Grönland Minerals und Energy (11 % Eigentumsanteile der chinesischen Shenghe Resources Holding).[68] Im Südosten ist es das „Wegner-Halvø-Projekt“, ein Kupfer-Explorationsprojekt durch ein Joint Venture der Nordic Mining mit Siangxi Shongrun. Im Nordosten besteht im „Citronen Fjord“ ein Explorationsprojekt für Metalle als Gemeinschaftsprojekt der australischen Ironbark mit der NFC, China Nonferrous Metal Industrys Foreign Engineering and Construction Co. Ltd. Weiterhin plant China, drei Flughäfen in Grönland zu bauen bzw. zu expandieren, Nuuk, Ilulissat und Qaqortog. Zurzeit liegen Genehmigungen für über 70 Minenprojekte vor. Eine Übersicht, wer wann mit den Explorationen beginnt und der Abbau von z. B. seltenen Erzen wie Cer, Lanthan, Neodym, Terbium und Yttrium erfolgt, unterliegt dem Ministerium, Ministry of Mineral Resources und dem Danish-Greenland Joint Committee on Mineral Resources.

Da Grönland zu Zeiten des Kalten Krieges geostrategisch eine exponierte militärische Lage hatte, haben die USA dies genutzt, um Funkeinrichtungen

68 https://www.miningtechnology.com.

und Flughäfen militärstrategisch gegen eine potenzielle Bedrohung des Warschauer Paktes auszubauen. Diese Position Grönlands (und auch Islands), die nach 1989 aus der politischen Diskussion fast verschwunden geglaubt schien, wird nun durch den Ukrainekrieg wieder zunehmend bedeutender.

Ergänzend zu Grönland ist zu sagen, daß es die größte Insel der Welt ist. Sie ist zu 81 % mit Eis bedeckt. Im Inland hat das Eis eine Dicke bis zu 3000 m und ist über 120.000 Jahre alt. Dadurch beinhaltet die Insel 8 % der weltweiten Süßwasserreserve. Die Dörfer und Städte sind nicht mit Straßen oder Eisenbahn verbunden. Deshalb sollen die Startbahnen des Flughafens Kangerlussuaq bei Nuuk und des Flughafens bei Ilulissat vergrößert werden.

Abb. 7: Die Arktis – Polarregion – Karte Grönland[69]

Weitere Projekte sind die Förderung der größten Vorkommen von Kohlenwasserstoffen in der Arktis, das „Shtokman Feld“ in der Barents Sea, in

69 Quelle: www.raonline.ch/raocoyfr0001.html.

dem 3,9 Mrd. Kubikmeter geschätzt werden. Im chinesischen „Nanhai-8„-Projekt, einer Bohrplattform,[70] dessen Eigentümer die chinesische Oilfield Service Limited ist (COSL), wurden 2018 Vorkommen entdeckt, die das Leningradskoye-Feld als eines der größten Gasfelder mit 1,9 Mrd. Kubikmeter Gas einschätzt. Derzeit sind drei Exportterminals entlang der russischen Arktisküste in Betrieb. Zum einen ist dies der Lukoil PJSCs Varandey Terminal, der 2008 eröffnet wurde und ca. 150.000 Barrels täglich abwickelt. Zum anderen gibt es Gazprom Neft mit zwei Hauptterminals, dem Prirazlomnoye-Feld, das 80.000 Barrels am Tag liefert, mit dem Ziel, den Output auf 150.000 Barrels zu steigern, und schließlich dem Arctic Gate Terminal, das heute schon 150.000 Barrels abwickelt. Die Frachten/Ladungen werden via Shuttle-Tanker nach Murmansk verschifft, wo sie auf größere Tanker für den Weitertransport umgeladen werden.

Außerdem wurden über den VEB, Wneschekonombank, auf Deutsch: Bank für Außenwirtschaft, etwa 10 Mrd. USD zur Finanzierung von 70 Projekten im Rahmen der chinesischen BRI für die NEP zur Verfügung gestellt. Insgesamt wird der Bedarf an Finanzmittel auf über 125 Mrd. Euro geschätzt, mit denen über 100 Projekte zum Bau von Häfen, Flughäfen, Verkehrswegen, Pipelines, Energieanlagen und anderen Logistikbauwerken, z. B. Lagerstätten für Kohle, Erdöl, Erdgas, aber auch Diamanten, Gold, Nickel, Kobalt, Kupfer, Palladium, Platin, Zink und anderen Metallen finanziert werden sollen. Der Grund liegt in der sehr rohstoffreichen russischen Arktis.

Sehr wahrscheinlich aufgrund der oben erwähnten veraltet geglaubten militärischen Sichtweise und weil China immer mehr Einfluss in Grönland gewann, verblüffte im August 2019 das Angebot des damaligen Präsidenten Donald Trump, Grönland zu kaufen.[71] Es wurde umgehend vom dänischen Premierminister zurückgewiesen, der dies als „absurd" bezeichnete und erklärte, dass „Grönland nicht zum Verkauf steht". Der grönländische Premierminister schloss sich dieser Meinung an und erklärte: Die Insel stehe „nicht zum Verkauf ... Grönland ist nicht dänisch. Grönland gehört zu Grönland."

Noch kurz vor dem Ende seiner Amtszeit genehmigte Trump im Januar 2021, das 2023 von Präsident Warren Harding unter Schutz gestellte Ge-

[70] Die schwimmende Bohrplattform ist eher eine Bohrhilfe, durch Gazprom gemietet und in den Kola-Fjord bei Murmansk geschleppt worden.

[71] Schon 1867 und 1946 sowie 1960 gab es vonseiten der USA Interesse, die Insel zu kaufen. Die von Trump im August 2019 geäußerte Idee ist also nicht neu. Dieses Kaufangebot zeigt in der Öffentlichkeit die Bedeutung der Insel.

biet der National Petroleum Reserve in Alaska für die Öl- und Gasexploration und -förderung freizugeben. Präsident Biden versuchte, Projekte, die gegen Interessen der Gesundheit, Umwelt und Wissenschaft verstoßen, wieder rückgängig zu machen, z. B. auch die Ölbohrungen im alaskischen Arctic National Wildlife Refuge. Im Naturschutzgebiet von Alaska wurde die Ölförderung eingestellt. Die „Dakota Access„-Ölpipeline und die Lizenzvergabe für Öl- und Gasförderung in Wyoming, Colorado und Montana wurden jedoch durchgeführt. In Europa kaum bekannt, weil es in den Medien nur geringe Beachtung fand, ist z. B. das Willow-Projekt, ein Gas- und Ölexplorationsprojekt in Alaska; dieses Projekt wird von dem Rechte besitzenden Konzern ConocoPhillips umgesetzt.

7 Einschätzung der derzeitigen Situation

90 % des weltweitenFerngüterhandels werden über die Seewege abgewickelt. Theoretisch sind die NSR, NWP und NEP bedeutende Alternativen zu den südlichen Seewegen in Großkreisnähe durch den Panamakanal auf der westlichen oder durch den Suezkanal, die Malakkastraße und Singapur auf der östlichen Halbkugel.

Es gibt aus heutiger Perspektive viele Punkte, die eindeutig dagegensprechen, dass mit Schiffspassagen über die Nordhalbkugel eine ernsthafte Konkurrenz zu den derzeitigen Seetransportwegen entsteht.

1. Die extremen, kaum sicher einschätzbaren Umweltbedingungen. In dieser lebensfeindlichen und unzugänglichen Region, z. B. in Russlands Norden vollbringt Russland allein eine herausragende logistische Leistung, in der Yamal-Region über 30.000 Arbeiter nur zu versorgen.
2. Eine genaue geografische, geologische und territoriale Vermessung ist nicht möglich. Wo und wie wird der Festlandsockel (Shelf) berechnet? Wie und wo vermisst man die Meerestiefe? Wie berechnet man die sog. 3-Meilen-Zone, die 12-Meilen-Zone, die 200-Meilen-EEZ (Exclusive Economic Zone)? 200 sm sind umgerechnet 370 km.
3. Für die Arktis und die Transitschifffahrt gibt es nur eine eingeschränkte Satellitennavigation. Die Europäische Union versucht mit der ESA, die militärischen Daten auf GPS- und GLONASS-Basis zu verbessern.
4. Es gibt kein einheitliches globales SAR-System und auch nicht die Infrastruktur dafür.
5. Es mangelt an Lade- und Löschhäfen. Zu diesen gehören Modal-Split-Möglichkeiten und weitere Verkehrsträger wie Eisenbahnen und Autobahnen für den Weitertransport.
6. Zur Infrastruktur gehört zudem der Unterhalt von Eisbrechern, ohne den derzeit selbst im Sommer noch keine Passage möglich ist. Außerdem dürfen nur Schiffe mit einer geprüften Eisklasse, z. B. für Norwegen, Schweden, Finnland mindestens 1A Super (Extreme Eisverhältnisse, Eisdicke bis 1 m) mit besonderen baulichen, zur Stabilität verstärkten technischen Sicherheitsanforderungen dieses Seegebiet befahren.
7. Es fehlt an einer notwendigen einsatzfähigen Flotte von Eisbrechern.

8. Zur Schiffssicherheit und Stabilität gehört der Tiefgang eines Schiffes. Ein Ultra Large Crude oder Cargo Carrier benötigt voll beladen bis zu 25 m „draft", also Tiefgang. Auf den Schifffahrtsrouten im Nordischen Eismeer herrschen extreme Eis- und Wetterbedingungen, die voraussichtlich für den größten Teil des Jahres eine große Gefahr für Schiff und Leben bleiben werden, auch wenn der Rest des Zirkumpolareises schwächer geworden oder bereits verschwunden ist. Dies hindert Schiffe daran, mit vorhersehbaren Geschwindigkeiten oder auf vorher geplanten Routen zu fahren. Die Größe eines Schiffes, das die NWP durchqueren will, wird auch durch die schmale und flache Eisschicht in der Region begrenzt. Dies bedeutet, dass die Größenvorteile, die größere Schiffe bieten, nicht genutzt werden können. Flache Häfen und Fahrwasser schränken die Größe der Schiffe ein. Derzeit sind nur Schiffe bis zu 4000 TEU[72] für eine Passage möglich; im Vergleich zu Schiffen mit über 20.000 TEU, die ganzjährig durch den Suezkanal und die Malakkastraße (Singapur) fahren können.
9. Es ist wichtig, sich vor Augen zu halten, dass die Containerverschiffung nicht von Punkt zu Punkt, sondern wie eine Zugstrecke mit Stationen entlang einer Seeroute (Strecke) erfolgt. So wie nur wenige Passagiere von Endstation zu Endstation reisen, fahren auch nur wenige Container von Endhafen zu Endhafen. Die Stammstrecke der Weltwirtschaft von Ostasien über die Straße von Malakka, den Indischen Ozean und den Suezkanal nach Europa führt an großen Bevölkerungs- und Wirtschaftszentren vorbei und ist von wachsender Bedeutung.
10. Man benötigt eine gut für die Eis-, Geografie-, Umwelt- und Wetterbedingungen ausgebildete und erfahrene Besatzung eines in der Arktis fahrenden Schiffes.
11. Es gibt eine begrenzte und experimentelle Transitschifffahrt entlang der NEP, aber viel weniger entlang der NWP mit Massengut und einzelne experimentelle Container-Transitfahrten. Die geringe Aktivität der kommerziellen Transitschifffahrt spiegelt wider, dass die arktischen Schifffahrtsrouten noch zu riskant und kostspielig sind.
12. Es „rechnet sich nicht" für die global agierenden Reedereien, weil die Auflagen und Sicherheitsmaßnahmen zu umfangreich und zu teuer sind und die Risiken stark zunehmen und nicht kalkulierbar sind. Das macht die

[72] TEU, Twenty Foot Equivalent Unit, gemeint ist ein „0-Fuß-Standardcontainer.

Versicherungen viel teurer bzw. Schiffe ab einer bestimmten Größenordnung und damit auch Waren- sowie Schiffwerte werden nicht versichert.
13. Man findet keine Versicherung. Das, was seit Jahren bzw. Jahrzehnten „gut läuft“ und kalkulierbar ist, ändert man nicht ohne triftigen Grund.
14. Die globale Fischerei ist nicht verbindlich geregelt und kontrolliert und bietet zu viele Grauzonen, sodass die Ausbeutung der Fischbestände letztlich zum globalen Nachteil aller Menschen ist.
15. Der wirtschaftliche Nutzen ist eher bescheiden, und deshalb haben Royal Dutch Shell, Exxon Mobile, Chevron und British Petroleum ihre Offshore-Vorhaben in der Arktis aufgegeben.
16. Die Vielzahl der beteiligten Staaten und die globale Komplexität werden keine schnelle einheitliche Problemlösung schaffen.

Dies führt zu zwei Ergebnissen: Erstens zu einem ganz klaren „nein“ betreffend den globalen Container-Welthandel und den internationalen Seeverkehr sowohl über die NWP als auch die NEP. Und zweitens damit verbunden zu einem eindeutigen „nein“ betreffend den Abbau der Rohstoffe, insbesondere der Öl- und Gasvorkommen in der Arktis.

Interessant wäre, die Finanzierung der Polarprojekte zu kalkulieren. Wenn die chinesischen Staatsfonds in den letzten zehn Jahren 90 Mrd. USD in die obigen russischen Projekte investiert haben, ist zudem zu fragen, ob dies ausschließlich über Banken in Asien abgewickelt wurde oder nicht auch europäische Banken darin involviert sind. Denn in Luxemburg gibt es inzwischen 14 chinesische Banken und es arbeiten und wohnen über 10.000 Chinesen in Luxemburg. 2020 belief sich das Gesamtnettovermögen der Luxemburger Investmentfonds auf 4.882,411 Mrd. Euro. Damit liegt das Land unangefochten weit vorne auf Platz 1 in Europa und weltweit auf Platz 2 hinter den USA.

Über die erst vor drei Jahren gegründete Space Agency in Luxemburg könnte starker Einfluss auf die Meeres- und Weltraumpolitik genommen werden. Die SES S. A. als einer der weltweit führenden Satellitenbetreiber, der sowohl für amerikanische als auch russische und asiatische Unternehmen Satelliten steuert, hat ihren Sitz in Luxemburg.

8 Zwei weitere interessante Themen

Aus der geschilderten Thematik der Abschmelzung der Polkappen ergeben sich zwei weitere interessante Themen:

Zum einen sehe ich eine Verbindung hinsichtlich des Aufbaus der kommunikativen Infrastruktur in der Arktis mit den vielen Data Centern in Luxemburg, die in den letzten beiden Jahrzehnten schutzsicher und mit energieautarken technisch operativen Einsatzbedingungen unter der Erde eingerichtet wurden und eine Verbindung zur SES S. A., Société Europenne de Satellites, einem der weltweit führenden Satellitenbetreiberunternehmen haben.

Die SES S. A. betreibt derzeit 50 GEO-Satelliten und über 20 MEO-Satelliten (Medium Earth Orbiter). In der Vergangenheit waren es schon über 100 Satelliten, doch die Lebenszeit eines Satelliten ist auf 15 bis 25 Jahre begrenzt und die technische Innovationsgeschwindigkeit bedingt, veraltete abzuschalten und neue, leistungsfähigere zu betreiben. Deshalb schwankt die Zahl der aktiven Satelliten. MEO-Satelliten sind Satelliten, die eine nähere Distanz zur Erde haben, um Nachteile geostationärer Satelliten bei der Latenz zu verringern. Damit deckt die SES S. A. Afrika und Amerika mit Bandbreiten im Gigabitbereich ab. Insgesamt deckt die SES S. A. mit ihren Satelliten weltweit den Empfang von über einer Milliarde TV-Geräten ab. Das Unternehmen bedient sieben der Top 10 der globalen Telekommunikationsunternehmen und verbindet vier der sechs größten Kreuzfahrtschiffe der Welt. Es unterstützt 58 Regierungsorganisationen mit zuverlässigen, robusten und sicheren Netzwerkdiensten, unter anderem seit 2010 die Bundeswehr mit zwei speziell für die militärische Kommunikation ins All gebrachten Satelliten.

In diesem Zusammenhang ist auch die Luxembourg Space Agency Foundation zu nennen, die nationale Weltraumagentur des Großherzogtums. Sie wurde am 12. September 2018 vom damaligen Wirtschaftsminister Etienne Schneider gründet. Ihr Ziel ist es, private Unternehmen z. B. in der Aufbau- und Entwicklungsarbeit in einem zukünftigen Wirtschaftssektor, also Start-ups und Betriebe aus dem Bereich Weltraumforschung mit staatlichen Mitteln finanziell zu unterstützen, speziell im Bereich Asteroidenbergbau („Space mining„). In Verbindung mit der SES S. A. besitzt diese Agency optimale Bedingungen zur Weiterentwicklung.

Zum anderen wird eine Verbindung zum Hochwasserschutz und zum Deich- und Wasserbau sowie zur damit verbundenen Infrastruktur und Organisation in den Niederlanden deutlich.

In den letzten vier Jahrzehnten sind vier Millionen Kubikmeter Eis in der Arktis geschmolzen. Wenn zukünftig auch nur noch das grönländische Eis weggeschmolzen sein wird, bedeutet dies einen Anstieg des Meeresspiegels um sieben Meter. Dieser wäre nicht nur für asiatische Staaten wie Singapur eine Katastrophe, sondern auch für europäische Staaten wie die Niederlande, wo bekanntlich 26 % der Landfläche unterhalb des Meeresspiegels („Normalnull„) liegen. Rechnet man die riesigen Wassermassen des Eises der Antarktis noch hinzu, die ebenfalls schmelzen würden, rechnen Wissenschaftler mit einem Anstieg der Meeresspiegel weltweit sogar um über 80 Meter.[73]

Der tiefste Punkt der Niederlande liegt in Niewerkerk an der Ijssel in der Provinz Südholland. Ein von Van Vliet gestiftetes Denkmal gibt 6,74 Meter unter dem Amsterdamer Meeresspiegel (NAP) an. Nach Behördenangaben sind etwas mehr als die Hälfte des Landes und etwas mehr als die Hälfte der gut 17 Mio. Einwohner von Überflutungen bedroht.[74] Die Gefahr kommt von zwei Seiten, und zwar vom Meer und von den Flüssen. Denn etwa über 450 Kilometer erstreckt sich die Küste, und das Land ist vom Delta aus Rhein, Maas und Schelde geprägt.[75]

Wasserkatastrophen sind Teil des kollektiven Gedächtnisses der Niederländer, die aus der Geschichte der Sturmfluten und Überschwemmungen gelernt haben:

- Im frühen 15. Jahrhundert die Elisabethflut
- 1570 die Allerheiligenflut
- 1916 die Flut im Norden, die dazu führte, die Nordseebucht Zuiderzee mit einem Deich abzuschließen, das heutige Ijsselmeer.
- 1953 große Katastrophe, die dazu führte, die Deltawerke zu bauen, ein System aus Dämmen, Schleusen und Barrieren. Größter und bekanntester Teil ist das drei Kilometer lange Oosterschelde-Sturmflutwehr zwischen den In-

73 Nach Angaben der ESA, European Space Agency: https://www.esa.int/Space_in_Member_States/Germany/Klimafaktor_Eis_Gigantische_Schwankungen_des_Meeresspiegels. Der Weltklimarat, IPCC, geht davon aus, daß sich der globale mittlere Meeresspiegel um 1,10 m bis zum Jahr 2100 erhöhen könnte. Die letzte, 27. Klimakonferenz des Weltklimarats (IPCC) fand 2022 in Sharm El Sheikh (Ägypten) statt.

74 www.government.lu; www.klimaatadaptiennederland.lu.

75 www.centreforpublicimpact.org.

seln Schouwen-Duiveland und Noord-Beveland. Fertiggestellt 1986, wird das kolossale Bauwerk mit 65 Betonpfeilern einmal im Jahr geschlossen.

– 1993/1995 traten die großen Flüsse über die Ufer, was zum Programm „Raum für den Fluss" führte, Deiche wurden verlegt und verstärkt.

Gut 3500 km Deiche und andere Schutzanlagen durchziehen das Land und zudem 1400 km an Kanälen, kleinen Flüssen und Bächen.

Weil die Bewohner der Niederlande seit Jahrhunderten die Torflandschaften entwässern und trockenlegen, um sie für die Landwirtschaft zu nutzen, wird der Boden nicht nur schwerer und kompakter, sondern der Torfboden oxidiert[76] auch, unter anderem zu CO_2. Beide Faktoren sorgen dafür, dass der Boden durchgehend absackt. Vor tausend Jahren lag er durchschnittlich zweieinhalb Meter über Normalnull, jetzt liegt er zweieinhalb Meter unter null – während der Meeresspiegel in derselben Zeit um einen Meter gestiegen ist.

Ausgelöst durch den Klimawandel wurde vor einem Jahrzehnt das „Deltaprogramm" ins Leben gerufen, weil man sich den Mechanismus „Erst eine Katastrophe, dann etwas tun" nicht mehr erlauben kann.[77] Als Leiter wurde ein sogenannter Deltakommissar gewählt.[78]

Diese Organisation hat im Kern drei Ziele:

1. Deiche und andere Vorrichtungen an Küste und Flüssen pflegen,
2. die Süßwasserversorgung sichern und
3. die Infrastruktur von Stadt und Land an die Bedrohungen der Zukunft anpassen.

Im Verbund der niederländischen Organisationen arbeitet der Deltakommissar mit dem Reich, den Provinzen, den Gemeinden und den Wasserverwaltungsbehörden – den „Wasserschaften" – und anderen Institutionen zusammen.[79] Die Wasserschaften sind in ihrer Form international einzigartig. Die 21 regionalen Einheiten verwalten die Deiche und Schleusen, regeln die Wasserpegel und überwachen den Zustand von Abwässern. Vorsitzender ist jeweils ein „Deichgraf" oder „Wassergraf", der alle vier Jahre neu gewählt wird. Auch in einer Wirtschaftskrise haben die Wasserschaften immer Geld, weil

---

76 Wenn man einem Moor Wasser entzieht, kommt Luft an den Torf und er oxidiert. Damit wird CO_2 freigesetzt.

77 www.deltares.nl.

78 www.platformparticipatie.nl; www.koosdewiltconcept.nl.

79 Vgl. auch www.lebensraumwasser.com.

sie eine jährliche Abgabe unabhängig von politischen Lagen erhalten. Denn die behördliche Vorgabe ist, bis 2050 für jeden Einwohner das Risiko zu minimieren, in einer Flut zu sterben. Jährlich werden mehr als eine Milliarde Euro in Wassersicherheit investiert.[80] Die OECD kalkulierte im Jahr 2014 für das Wassermanagement der Niederlande mit 6,7 Mrd. Euro, davon 940 Mio. Euro für Wassersicherheit.

Um die Sicherheit im Klimawandel zu bewahren, arbeiten Wasserbauingenieure an Dutzenden Projekten im ganzen Land. Einen Eindruck geben z. B. die Arbeiten am Markermeer. 2021 wurde das Unternehmen Boskalis[81] international bekannt, als seine Wasserbauspezialisten das festsitzende Containerschiff „Ever Given" flottmachten.

Insgesamt kann man den Wasser- und Unterwasserbau und die Organisation der Wasserwirtschaft in den Niederlanden als führend in der Welt bezeichnen. Aber wird diese Ingenieurskunst reichen, um die Niederlande dauerhaft bewohnbar zu halten? Der bekannte Autor Rutger Bregman schrieb in einem offenen „Brief an alle Niederländer": „Die Klimaveränderung bedroht den Fortbestand unseres Landes". Es sei möglich, „dass unsere Kinder Abschied nehmen müssen von Städten wie Den Haag und Delft, Rotterdam und Amsterdam, Leiden und Haarlem".[82] Der Fotograf Kadir van Lohuizen dokumentierte vom 17.10.2014 bis 18.03.2015 in einer sehenswerten Ausstellung im Amsterdamer Schifffahrtsmuseum, wie steigende Meeresspiegel das Leben bedrohen, mit Bildern aus vielen Ländern wie Grönland und Bangladesch.[83] 2016 strahlte das Fernsehen die sechsteilige Serie „Als de dijken breken" (Wenn die Deiche brechen) aus, mit einem katastrophalen Szenario von Überflutungen.[84]

Nach dieser Exkursion zu den möglichen Folgen des Abschmelzens des Polareises soll nun der Blick zurück zum Thema Schifffahrt in der Arktis gehen, wo unter dem Eis noch verborgene Öl- und Gasvorkommen sowie Erze, Mineralien, seltene Erden usw. ruhen.

[80] www.uni-muenster.de.

[81] www.boskalis.com.

[82] www.rutgerbregmann.com. Er ist der Autor von „Utopia for Realists" (2017) und „Humankind" (2020).

[83] www.hollandersvandegoudeneeuw.nl.

[84] Die Fernsehserie wurde 2019 im NDR gezeigt; www.ndr.de.

9 Bewertung der ökonomischen Begehrlichkeiten

Von den weltweit größten Öl- und Gasunternehmen sind derzeit bereits viele in der Arktis aktiv. Einige westliche Unternehmen haben sich seit dem Ukrainekrieg zurückgezogen oder ihre Aktivitäten eingestellt. Dazu gehören Total Energies (F), BP (GB), Equinor (N), Exxon (US), StatoilHydro (N), Cairn Energy (GB-SCT). Hinzu kommen natürlich die russischen wie Gazprom, Rosneft und Lukoil sowie chinesische Öl- und Gaskonzerne und andere. Die internationalen Gas- und Ölkonzerne stehen schon längst in einem Wettlauf um die Öl- und Gasreserven in der Arktis.

In der unten stehenden Übersicht über die weltweit zehn größten Öl- und Gaskonzerne geht es nicht primär darum, die Rangfolge eines Unternehmens aufzuzeigen. Es sollen vielmehr zwei Punkte herausgehoben werden: zum einen die schiere „Größe" gemessen am Umsatz; im Jahr 2020 liegen alle bis auf einen weit im dreistelligen Milliardenbereich. Damit gehört der Öl- und Gassektor zu den größten Branchen überhaupt in der Welt. Zum anderen soll herausgehoben werden, dass sich die meisten in staatlichem Besitz bzw. unter staatlicher Lenkung befinden und nicht privatwirtschaftlich betrieben werden. Damit nimmt die Öl- und Gasindustrie global eine Sonderstellung im Vergleich zu anderen Industrien ein, weil sie sehr stark politisch von den jeweiligen Energiepolitiken der Länder auf den verschiedenen Kontinenten abhängt.

Die zehn größten Öl- und Gaskonzerne der Welt[85]

Lfd. Nr.	**Name**	**Staatlich oder privatwirtschaftlich**	**Umsatz in USD**	**Zahl der Mitarbeiter**
1.	Sinopec	Staatskonzern China	425,69 Mrd.	402.206
2.	PetroChina	Staatskonzern China	361,12 Mrd.	460.724
3.	Royal Dutch Shell	Hauptverwaltung in Den Haag (NL)	344,88 Mrd.	83.000

85 Rangreihenfolge 2020 nach Umsatz.

4.	Staatskonzern Saudi-Arabien	Hauptverwaltung in Den Haag (NL)	226,8 Mrd.	
5.	BP	Großbritannien	278,4 Mrd.	70.100
6.	Exxon Mobil	USA	255,58 Mrd.	74.900
7.	Total	Frankreich	200,32 Mrd.	
8.	Chevron	Chevron, The Vanguard Group, Blackrock	139,87 Mrd.	48.200
9.	Gazprom	Staatskonzern	123,4 Mrd. (2019)	473.800
10.	Petrobas	Brasilien, halbstaatlich Rio de Janeiro	76,59 Mrd.	57.983

Tab. 6: Zahl der Beschäftigten und Zahl der Unternehmen nach Ländern

Tabelle wird noch hinzugefügt

Tab. 6: Die zehn größten Öl- und Gaskonzerne der Welt

Anzumerken ist, dass viele Öl- und Gaskonzerne eigene Hochseetankerflotten und Bohr- und Förderinseln besitzen und/oder betreiben, ebenso teilweise Binnenschifffahrtstanker. Eine Verbindung zwischen Öl- und Gasbohrungen und der Förderung von Öl und Gas hin zum Schiffstransport ist unverkennbar. Und wenn ein Öl- und Gasunternehmen den Transport nicht durch eigene Schiffe betreibt, so chartert es in der Regel seine Schiffstransporte oder überträgt sie angeschlossenen oder Vertragsreedereien. Die Öl- und Gaskonzerne haben somit ein sehr großes Interesse und auch die schiffbautechnische Möglichkeit, das Öl und Gas in der Arktis zu fördern und in die südlich gelegenen Kontinente weltweit zu transportieren.

An dieser Stelle seinen nochmals die enormen Entfernungen erwähnt und dargelegt, welche enormen technischen und finanziellen Anstrengungen unternommen werden müssen, um die Infrastruktur erst einmal aufzubauen und dann instand zu halten.

Allein die Entfernung zwischen der Kola-Halbinsel nordöstlich von Finnland, Stichwort Hafen Murmansk, und der Beringstraße (Wladiwostok) beträgt, Luftlinie gemessen, über 6000 km; über den Schifffahrtsweg durch die NEP (via Barentssee, Karasee, Laptewsee, Ostsibirische See bis an die Beringstraße) liegt der Transportweg wohl weit über 7000 km, ohne die vorher nicht kalkulierbaren Unvorhersehbarkeiten und die gegebenenfalls durch das Polareis aus Sicherheitsgründen notwendigen Kursänderungen von der geplanten Route. Insgesamt hat Russland 24.140 km arktische Küstenlinie von insgesamt 37.653 km Küstenlinie. Außer dem Nordpolarmeer gehören im Nordwesten Russlands die Regionen Murmansk, Archangelsk und Krasnojarsk dazu und im Nordosten Sibiriens, die die Autonomen Kreise der Nenzen und Tschuktschen.Nachfolgendes Bildzeigt alle arktischen Regionen Russlands.

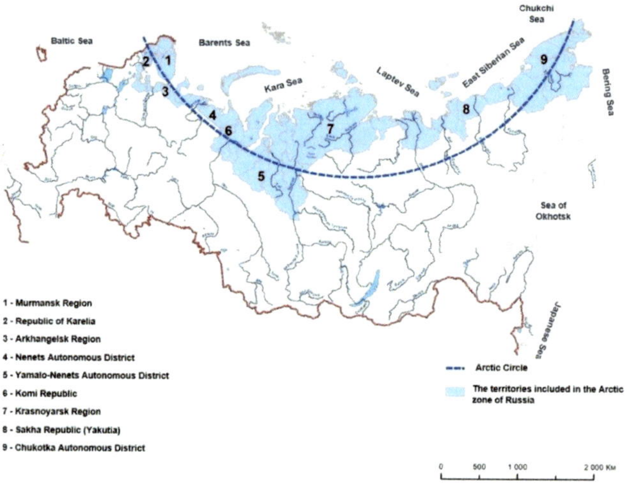

Abb. 8: Die russische Arktisgrenze von der Ostsee bis zur Beringsee[86]

Ausblick auf die Ölindustrie

Die zukünftige Entwicklung der Ölindustrie hängt von vier Hauptfaktoren ab: erstens von den Auswirkungen der russischen Invasion und des Krieges in der Ukraine, zweitens von den längerfristigen Auswirkungen der Corona-Pandemie, drittens vom Wirtschaftswachstum der beiden Großmächte USA und China und viertens von der Entwicklung und den Zukunftsaussichten für erneuerbare Energiequellen.

86 Quellenveröffentlichung: Russlands Arktispolitik: Wirtschaftsentwicklung, regionale Prioritäten und Territorialmeer Autor(en): Elif Hatun KILIÇBEYLI, Inga SOCHNEVA, Oleg SOCHNEV ‚Ankunftsdatum: 27.12.2020 Annahmedatum: 18.02.2021 Um diesen Artikel zu zitieren: Kılıçbeyli, Elif Hatun, Inga Sochneva, Oleg Sochnev. „Russlands Arktispolitik: Wirtschaftsentwicklung, regionale Prioritäten und Küstenmeer". Internationale Zeitschrift für Politik und Sicherheit (IJPS), Bd. 3, Nr. 1, 2021, S. 218–243.

10 Epochen wirtschaftlichen Wohlstands und Reichtums durch den internationalen Handel von Waren und Gütern

Hier wird versucht, an historische Blütezeiten sowie Epochen wirtschaftlichen Wohlstands und Reichtums anzuknüpfen und eine Verbindung aufzuzeigen, die durch den internationalen Handel von Waren und Gütern entstanden ist. Zudem sollte stets die geografische Lage der Flüsse und Meere beachtet werden, durch die der Waren- und Güterverkehr erfolgte, der international über Jahrhunderte bzw. Jahrtausende ausschließlich nur über die Schifffahrt möglich war. Die folgenden Beispiele sind wissenschaftlich gut dokumentiert, sodass sie nur angeschnitten werden, um den Zusammenhang zu verdeutlichen. Zu diesen zählen die Schlacht im Teutoburger Wald, die Handelsvereinigung der Hanse und der Levante-Handel. Nachdem Kolumbus Amerika entdeckte und in den folgenden Jahrhunderten die ARA-Häfen in Europa das Tor zum Welthandel wurden, war es vor allem die VOC – die niederländische Ostindien-Kompanie –, die holländischen Kaufleuten und Händlern zum finanziellen Aufstieg verhalf, sie versorgte auch das europäische Binnenland mit Waren und Gütern auf den Flussschifffahrtsstraßen, bis zum ersten Börsencrash 1637 in Amsterdam.

Die Schlacht im Teutoburger Wald

Der Rhein als strategische Größe wird in den Geschichtsbüchern erstmals in Bezug auf die Schlacht im Teutoburger Wald adressiert, wobei der genaue geografische Standort der Schlacht unbekannt ist.

Nach dem Verlust der drei römischen Legionen in der Schlacht im Teutoburger Wald traf Rom politisch die richtige Entscheidung und erklärte den Rhein zur natürlichen Grenze zwischen Nord und Süd und festigte diese Grenze mit dem Ausbau der Kastelle und des Limes.

Diese geografische sowie militärische und wirtschaftliche Grenze bildete den Grundstein des Handels, wo sich Handelszentren und Städte vom Rheinmündungsdelta über Xanten, Köln, Koblenz, Mainz und Frankfurt am Main bildeten, danach folgte der Limes bis zur Donau mit weiteren Handelsstädten wie Würzburg, Aschaffenburg, Augsburg, Bamberg etc.

Durch den Beschluss des Römischen Senats, die Grenze zwischen dem Römischen Imperium im Süden und den Germanen im Norden entlang der natürlichen Flussgrenze des Rheins zu ziehen und sie durch den Bau des Limes zu befestigen, stabilisierte sich der Handel zwischen Süd- und Nordeuropa über den Rhein und die Donau in den folgenden Jahrzehnten.

Die Hanse

Es ist typisch, dass blühende Handelsstädte mit ihrem großen Wohlstand an Seeverkehrswegen und Binnenflüssen liegen. Die Hanse beschränkte sich nicht auf die Ostsee und die Städte im Nordosten im heutigen Schweden, Finnland und dem Baltikum sowie auf deutsche Städte wie Rostock, Lübeck, Lüneburg und Hamburg. Sie erstreckte sich auch auf Städte an der Nordsee von den ZARA-Häfen über Brügge und insbesondere London nach Bremen und Hamburg. Im Ausland wurden vier große Handelsniederlassungen gegründet, genannt Kontore. Diese waren der Stahlhof in London, der Peterhof in Nowgorod, das Kontor in Brügge und die Deutsche Brücke in Bergen. Die vielen kleineren Handelsstützpunkte bezeichnete man als Faktoreien. Die Hanse ging nach dem Dreißigjährigen Krieg unter, weil sie den freien Handel immer mehr einschränkte und ihr Monopol überzogen hatte. Noch heute ist die Epoche der Hanse in den Städtenamen „Freie und Hansestadt Hamburg“ oder „Freie Hansestadt Bremen“ und anderen Hansestädten sichtbar.

Der Levante-Handel

Das Wort Levante bedeutet „Osten“, eigentlich die Himmelsrichtung, in der die Sonne aufgeht, hier den östlichen Teil des Mittelmeers als Handelsraum. Der Levante-Handel bezeichnet den Handel zwischen den vorderasiatischen Ländern und Europa, worin eine Parallele zu den Handelszeiten der Kelten zu sehen ist. Es wurden Güter getauscht und gehandelt, die es im westlichen Teil Europas nicht gab. Im 15. Jahrhundert waren bedeutende italienische Hafenstädte – Venedig im Osten und Genua im Westen – die Einfallstore für den Handel aus dem Osten und dem Vorderen Orient. Etwas südlicher lag die Stadt Livorno. Auf französischer Seite war der Hafen von Marseille im Golf von Lyon der Ausgangspunkt, um die Waren aus dem Seeverkehr über die Rhone in Richtung Norden zu transportieren. Flüsse wie die Rhone, die ins

Mittelmeer mündet, Flüsse, die nordwestlich des europäischen Festlands in den Atlantik und den Ärmelkanal münden wie die Seine, die Schelde und die Maas sowie der Rhein und Flüsse, die in die Nordsee münden wie die Ems, die Weser und Elbe waren als natürliche Transportstraßen schon lange bekannt und wurden als Handelswege für den Güter- und Warentransport genutzt. Neben den genannten großen Flüssen wurden viele kleinere Flüsse als natürliche Wasserstraßen und Handelswege für den Güter- und Warentransport genutzt. Sie wurden über Jahrhunderte verwendet, bis mit der Entdeckung Amerikas neue Kontinente und damit neue Handelswege entstanden. Dadurch wurde der globale Handel interessanter und wirtschaftlich sowie finanziell wichtiger, sodass sich der Fokus auf die exotischen Waren aus Amerika richtete. Somit richteten Portugal, Spanien, Frankreich und England und natürlich auch die Niederlande mit den ARA-Häfen ihren Blick nach Westen.

VOC – die Niederländische Ostindien-Kompanie

Der Hauptsitz der VOC war in Amsterdam und in Middelburg, wo sich 1602 niederländische Kaufmannskompanien zusammenschlossen; sie erhielten vom niederländischen Staat Handelsmonopole sowie Hoheitsrechte. Das Hauptquartier der Handelsschifffahrt befand sich in Batavia. Die strategisch sehr günstig gelegenen Seehäfen ZARA und deren Hinterland-/Binnenland-Flüsse Schelde und Rhein für den Handel ins Innere Europas brachten über 100 Jahre Wohlstand. Die wirtschaftliche Stärke der VOC beruhte insbesondere auf der Kontrolle der Gewürzroute von Hinterindien nach Europa. Die Finanzierung von teuren Schiffen und deren Ausrüstung erforderten jedoch viele kleine Investoren.

Die Finanzierung von Schiffen im dreistelligen Millionenbereich und das Finden mehrerer Investoren stellt auch heute noch ein Problem dar. Von Anfang/Mitte der 1980er-Jahre bis zur Finanzkrise 2008/08 funktionierte das sogenannte KG-Modell des deutschen Schifffonds weltweit durch Abschreibungs- bzw. Steuervorteile eines jeden „kleinen" Investors sehr gut. Deutschland kontrollierte 2007/08 ca. 3800 Schiffe und nahm damit auf der Weltrangliste den ersten Platz in der Containerschifffahrt ein.

Heute rangiert Deutschland mit ca. 1800 Schiffen unter „deutscher Kontrolle" auf Weltranglistenplatz Nr. 4.

11 Die Wirtschaftskraft Russlands im Ländervergleich

Ökonomen wissen, dass die Wirtschaftskraft eines Landes langfristig immer die Oberhand behält. Man könnte pauschal sagen, je unregulierter und freier sich der Handel und die industrielle und gewerbliche „Wirtschaft" entwickeln, desto größer ist die Wirtschaftskraft. Aber woran wird Wirtschaftskraft gemessen? In den folgenden vier Übersichten werden folgende Kennzahlen Russlands angeführt, um seine Wirtschaftskraft im Ländervergleich zahlenmäßig darzustellen. Zunächst ist es das BIP, Bruttoinlandsprodukt, gefolgt vom Pro-Kopf-Einkommen am BIP, dem folgen die Exportstärke, das ist der Anteil der durch den Güterexport induzierten Bruttowertschöpfung an der gesamten Bruttowertschöpfung eines Landes (Stichwort: Leistungsbilanz) und schließlich die Innovationskraft, gemessen an der Zahl der Patente.

Vergleich BIP, Bruttoinlandsprodukt[87]

11.0.1 Vergleich BIP, Bruttoinlandsprodukt

	USA	RU	EU	DE
2013	16,84	2,29 – 12,75% von USA	11,52	3,74
2020	21,38	1,48	15,17	3,86
2021	22,94	1,77 – nur 7,2% von USA;	nur4,3% von USA und EU	4,26

gemessen in Billionen USD.

Tab. 7: Vergleich BIP, Bruttoinlandsprodukt

[87] Das BIP, Bruttoinlandsprodukt, gibt den Gesamtwert aller Waren und Dienstleistungen an, die während eines Jahres innerhalb der Landesgrenzen einer Volkswirtschaft als Endprodukte hergestellt wurden, nach Abzug aller Vorleistungen. Im Jahr 2018 betrug das Bruttoinlandsprodukt z. B. in der Bundesrepublik Deutschland 3.388 Billionen USD.

Russlands BIP betrug im Jahr 2012 nur 12,75 % des BIP der USA und 2021 sogar nur 7,2 % und 4,3 % des BIP von USA und EU gemeinsam. Es liegt damit statistisch weit hinter diesen Ländern. Es folgen Zahlen zum Pro-Kopf-Einkommen. Dies ist eine volkswirtschaftliche Kennzahl, die das auf ein Jahr berechnete Durchschnittseinkommen der Einwohner eines Landes zeigt.

Vergleich Pro-Kopf-Einkommen am BIP[88]

11.0.2 Vergleich Pro-Kopf-Einkommen am BIP

	RU	China	EU	USA
2013	7.783			
2020/21	1.273,–	11.891,–	32.997,–	69.379,–

Tab. 8: Vergleich Pro-Kopf-Einkommen am BIP

Beim Pro-Kopf-Einkommen am BIP ergibt sich eine ähnliche Rangfolge. Russland liegt weit abgeschlagen hinter den USA auf dem Niveau von weniger als einem Fünftel und im Vergleich mit der EU nur auf einem Niveau von ca. einem Drittel. In den Jahren 2020/21 hat sogar China Russland im Pro-Kopf-Einkommen am BIP überholt. Während das Pro-Kopf-Einkommen am BIP im Zeitraum 2013 bis 2020/21 in Russland nur um 3490 Dollar gestiegen ist, hat China seit 2013 von einem niedrigeren Niveau kommend Russland überholt.[89]

Ergänzt werden sollen die Angaben des BIP und des Pro-Kopf-Einkommens am BIP durch Angaben über die Exportstärke.

11.0.3 Vergleich Exportstärke (2010–2019)

[88] Quelle: Statista, www.de.statista.com. Zum besseren Vergleich wird auch das BNE, Brutto-National-Einkommen benutzt. Es ist eine Unterform der Berechnungsart, die hier im Rangvergleich vernachlässigt werden kann.

[89] Vergleichende Zahlen aus verschiedenen Jahren, die länger auseinanderliegen, werden deshalb nicht herangezogen, weil es verschiedene Berechnungsarten gibt, z. B. KKP, sodass Vergleiche zu verzerrten Bildern führen würden. So ist die KKP, Kaufkraftparität, die Anzahl an inländischen Währungseinheiten, mit der man die gleiche Menge an Gütern kaufen kann, die in den USA für einen Dollar erhältlich ist. Die gehandelten Güter müssen identisch oder zumindest vergleichbar sein.

USA	China	DE	RU
15,4	20,9	13,9	4,3

Tab. 9: Vergleich Exportstärke (2010–2019)

Mit Exportstärke ist der Handelsüberschuss eines Landes gemeint, der entsteht, wenn die Exporte die Importe überwiegen. Damit kann die Wirtschaftsstärke gemessen werden; man muss aber auch immer die Hintergründe und Details beachten. Ein Exportüberschuss bzw. Exportdefizit ist unter Wissenschaftlern umstritten. Da es hier lediglich um einen Ländervergleich geht, ist es interessant, die Rangfolge der ausgewählten Länder anzugeben. Und hier liegt Russland, obwohl es flächenmäßig das größte Land der Welt ist, in der Rangfolge erneut auf dem letzten Platz im Vergleich zu den USA, China und Deutschland.

Schließlich wird die Innovationskraft aufgezeigt. Diese wird durch die Zahl der Patentanmeldungen und dann durch die Zahl der EU-Patente und nicht bei den nationalen Patentämtern bestimmt.

11.0.4 Innovationskraft (gemessen an der Zahl der EU-Patente, 2009–2018)

D	JAP	USA	RU	China
1,812	1.048	535	6	12

Tab. 10: Innovationskraft (gemessen an der Zahl der EU-Patente, 2009–2018)

Bei den EU-Patentanmeldungen kommt Russland nur auf sechs, während Deutschland, Japan und die USA mit einem unaufholbar scheinend großen Abstand vorne an der Spitze liegen. Selbst China hat mit zwölf EU-Patenten doppelt so viele wie Russland.

Die obigen Zahlen zeigen sehr deutlich die Wirtschaftskraft Russlands im internationalen Vergleich.

Fazit: Die relative Wirtschaftsstärke Russlands hat sich in den letzten acht Jahren halbiert. Russland ist flächenmäßig das größte Land der Welt, das sich über neun Zeitzonen erstreckt, aber wirtschaftlich im globalen Vergleich ein Zwerg, obwohl es sehr reich an Rohstoffen ist.

Es zeigt sich ein ökonomischer Widerspruch: Auf der einen Seite hat Russland durch seine Öl- und Gasvorkommen immense Einnahmen und die Möglichkeit, wirtschaftlich und im Wohlstandsvergleich aufzusteigen, auf der anderen Seite werden die Einnahmen aber in den Auf- und Ausbau von Militärbasen und militärischem Gerät wie Raketen, Waffen, U-Boote, Flugzeuge, Panzer usw. investiert. Dies ergibt ökonomisch keinen Sinn und sollte wissenschaftlich erforscht werden. Vielleicht lässt sich dieser Widerspruch aus der Geschichte verstehen. In diesem riesigen Land, das sich über neun Zeitzonen erstreckt, liegen die lokalen Existenzbasen am Rande der Arktis, Sibirien oder des nordatlantischen Ożeans (Kamtschatka) extrem weit von der Hauptstadt des Landes und deren ökonomischer und staatlicher Kontrolle entfernt. Wie wichtig ist diesbezüglich die Stationierung von Militär? Diese Frage wäre eine wissenschaftliche Forschungsarbeit wert.

Internationale Öl- und Gasversorgung über russische Pipelines

Es steht fest, dass Russlands Wirtschaft zu einem sehr großen Teil vom Export seines Öls und Gases abhängt.[90] Das Land ist neben Saudi-Arabien der größte Ölförderer und der zweitgrößte Exporteur der Welt.

Das Land lieferte fünf Prozent des weltweiten Ölverbrauchs und zehn Prozent der raffinierten Ölprodukte – also Benzin und Diesel. Daher ist Russland als Öllieferant für viele Länder nicht einfach zu ersetzen, zumal viele Branchen von Erdöl abhängig sind, z. B. Verkehr, der Markt für Energiesysteme[91] und verschiedene Produktionsindustrien wie die Keramik- und Zementindustrie sowie die chemische Industrie und andere. In ihrem sechsten Sanktionspaket hat die EU ein Teil-Ölembargo gegen Russland beschlossen. Ein Kompromiss sieht vor, mehr als zwei Drittel der russischen Öllieferungen in die EU mit einem Einfuhrverbot zu belegen.

Russland liefert bzw. lieferte über drei Hauptschlagadern Erdgas nach Europa: einmal über die Pipelines „Turkstream" und „Transgas" nach Süd- und Osteuropa über das Schwarze Meer. Die Transgas-Pipeline führt durch die Ukraine bis nach Österreich und Italien bzw. über die Ostseepipelines nach Deutschland. Inzwischen ist die Versorgung Europas mit Gas durch die Pipe-

---

90 Laut statistischen Angaben wird das BSP Russland zu einem Fünftel von der Öl- und Gasindustrie erwirtschaftet. Eine Abhängigkeit ist unverkennbar. Wie diese in Relation zu anderen Wirtschaftsleistungen steht, ist derzeit schwierig abzuschätzen, weil Angaben über aktuelle Zahlen kaum zur Verfügung stehen.

91 Mit diesem Markt sind Energiesysteme und Kühllösungen für Wohngebäude, Industrie und Gewerbe gemeint. Aktuell ist der Verkauf der Klimatechniksparte des Heizungsbauunternehmens Viessmann in den Medien an den US-Konzern Carrier Global im Gespräch.

lines Nordstream I und Nordstream II durch einen Sprengstoffanschlag unterbrochen. Die Pipeline „Druschba", die Anfang der 1960er-Jahre errichtet wurde, ist eine Pipeline für Rohöl, die von russischen Ölfeldern zu Raffinerien nach Ost- und Mitteleuropa führt. Das „Nabucco-Pipeline-Projekt" umfasste den Bau einer Gaspipeline von Aserbaidschan bis nach Österreich zum zentralen Verteilerzentrum der OMV für Erdgas. In Richtung Asien ist die Gaspipeline „Sila Sibiri" (Kraft Sibiriens) erwähnenswert, mit deren Bau 2014 begonnen wurde und die von Jakutien durch die Oblast Amur mit einer Länge von 2200 km nach China führt. Ein großer Teilabschnitt für den Transport von Gas wurde 2019 in Betrieb genommen. Ein anderer Teilabschnitt verläuft entlang der Ostsibirien-Pazifik-Pipeline, in der Erdöl transportiert wird. Weiter sei der geplante Bau der „Altai„-Pipeline, auch als „Kraft Sibiriens" übersetzt, erwähnt, in der auf einer Länge von 2800 km Erdgas aus der westsibirischen Altai-Region nach Nordostchina transportiert werden soll. Im Zusammenhang mit der Eisschmelze in der Arktis und dem Auftauen des Permafrostes in der Tundra und Taiga muss die Frage gestellt werden, wie die Sicherheit der Infrastruktur technisch sichergestellt und gewartet werden kann, wenn die Stelzen, auf denen sie steht, in den Boden einsinken und das gesamte Pipelinesystem dadurch instabil werden kann.

Die Frage, inwieweit Russland seinen Export von Gas und Öl nach Europa durch die Lieferung nach Asien, insbesondere China und Indien, kompensieren kann, wird hier nicht angesprochen, da dies eine politische Frage ist, die sich vom Thema Arktis zu weit entfernt. Eines kann jedoch als sicher angenommen werden, die Abhängigkeit von Chinas Energieproduktion von der Kohleverbrennung. In China geht es um das Austauschen bzw. Ersetzen von über 1500 Kohlekraftwerken durch Gaskraftwerke oder andere Kraftwerke, um die Luftqualität zu verbessern und die Umweltverschmutzung zu reduzieren, weil die Luft- und Umweltverschmutzung in China bereits heute zu größeren Problemen führt.

12 Meerengen und Schifffahrtsrouten im internationalen Handel

Fast für alle Kontinente ist ein sicherer weltweiter Transport von Öl und Gas und auch anderer Mineralien und Waren über die Ozeane und Meere für die Versorgung wichtig. Dieser weltweite Handel muss von den Reedereien und Investoren in Bezug auf die operativen Schiffstransportkosten und das Ein- und Auslaufen in den Häfen zeitlich möglichst präzise planbar sein.[92] Unkalkulierbare Risiken bei den Seetransporten möchten die Auftraggeber, die Reedereien sowie die Öl- und Gasindustrie unbedingt vermeiden. Deshalb bestehen gegenseitige Abhängigkeiten. So sind Asien und insbesondere China auch vom Öl und Gas und dessen Transport aus Vorderasien durch die Meerengen von Malakka und Singapur abhängig. Europa ist bei der Versorgung vom Suezkanal und Gibraltar abhängig. Unmittelbar sind Saudi-Arabien, Iran und Irak von der Durchfahrt von Öl- und Gastankern durch die Straße von Hormus abhängig. Und um den Waren- und Gütertransport von der West- und Südküste Amerikas sicherzustellen, ist die Abhängigkeit von der Durchfahrt durch den Panamakanal zu beachten.

Das sind weitere Gründe, weshalb sich Reedereien an Häfen beteiligen. Im Vordergrund dürften aber die hohen Hafengebühren während der Lade- und Löschzeiten stehen, und damit die Dauer der Liegezeiten in den Häfen. Wenn eine Reederei eine Lade- oder Löschpier besitzt oder an ihr und der Infrastruktur beteiligt ist, kann sie nicht nur ihre eigenen Schiffe kostengünstiger abfertigen, sondern auch hohe Gebühren von Schiffen anderer Reedereien erheben und diese als Einnahmen verbuchen. Ein aktuelles Beispiel in den Medien ist die chinesische Reederei COSCO. Diese Staatsreederei ist an strategisch wichtigen Häfen in Asien wie Singapur und in Südkorea beteiligt, in Ägypten an beiden Seiten zur Ein- und Ausfahrt in den Suezkanal, in Saudi-Arabien sowie im Mittelmeer in der Türkei, Italien, Spanien und Griechenland. In

[92] Eine Stunde fahrender Schiffsbetrieb kann mehrere bis viele Tausend Euro kosten. Durchschnittlich für einen mittelgroßen Containercarrier (zwischen 5000 und 12.000 TEU) werden zwischen 5000 und 10.000 Dollar/h geschätzt. Entsprechend liegen die Kosten für einen Containercarrier mit 20.000 TEU oder mehr Tragkapazität. Eine Stunde Hafenliegezeit kann ein Vielfaches von diesen Kosten betragen.

Griechenland gehört der berühmte Hafen Piräus bei Athen zu 100 % Cosco. In Nordeuropa besitzt sie einen Anteil von 85 % am CSP Zeebrugge, dem Hafenterminal in Belgien.

Zum Zeitpunkt der Fertigstellung dieser Veröffentlichung wurde die als sicher geglaubte Beteiligung von COSCO am Hafen Hamburg im Frühjahr 2023 wieder in den Nachrichten diskutiert.

An den genannten geografisch strategischen Meerengen haben sich Knotenpunkte in Form von großen Häfen, Umschlags- und Handelsplätzen entwickelt. Die gesamte Infrastruktur ist parallel zur Zunahme des Warenvolumens in den letzten Jahrzehnten gewachsen. Analog zu den erwähnten historischen Zeiten wirtschaftlichen Aufschwungs und Wohlstands in Europa erfolgt eine positive Entwicklung der gesamten Weltwirtschaft, an der alle Beteiligten partizipieren. Warum sollten die NEP bzw. NWP als alternative Transportwege nicht eine ähnliche oder gar gleiche Wertigkeit erlangen? Unabhängig von politischen, militärischen und geostrategischen Überlegungen und Handlungen betreffend das Thema Arktis scheint es heute noch viel zu früh zu sein, konkrete Angaben darüber machen zu können, wie sich der ökonomische Griff nach der Arktis entwickelt. Die Umweltbedingungen, die derzeit noch vorherrschen und die fehlende Infrastruktur ergeben ein klares „nein" zur wirtschaftlichen Nutzung. Dennoch scheint es nur eine Frage der Zeit zu sein, wann durch die Umweltbedingungen die NE- und NW-Passage gleichwertige Passagen zu den derzeitigen Seetransportwegen darstellen. Der ökonomische Wettbewerb um die besten Plätze in der Arktis ist bereits in vollem Gange.

13 Gemeinsame Forschung und Umweltschutz als Kooperationsbasis

Aus der geschichtlichen Forschung ist bekannt, dass sowohl bei der Entdeckung, der Erforschung und beim Aufbau der Kolonien Nordamerikas als auch bei der Expansion und wirtschaftlichen Nutzung Sibiriens und des Nordostens Russlands bis zu den Aleuten und Alaska immer dann Erfolge zu verzeichnen waren, wenn Kooperationen zustande kamen und funktionierten. Trotz vieler Konflikte, Rückschläge und Auseinandersetzungen bis hin zu bewaffneten Auseinandersetzungen und sogar Kriegen waren ein wirtschaftlicher Fortschritt und Wohlstand immer ein Antrieb, bisherige Kooperationen zu verbessern und neue einzugehen.

Wie anfangs erwähnt, gibt es mindestens 85 Staaten, die in der Arktis wissenschaftliche Forschung betreiben, teilweise auch gleichzeitig in der Antarktis.

Die Inselgruppe Svalbard (Spitzbergen)[93] ist seit mehr als 200 Jahren ein wichtiger Standort für die Polarforschung. Aufgrund seiner exponierten Lage im Nordpolarmeer und seiner Nähe zum Nordpol liegt es als Forschungsstandort ideal. Nach Informationen des IPCC ist einer der Forschungsschwerpunkte die Luftverschmutzung, die durch die Winde aus den südlichen Breiten bis in die Arktis getragen wird. Es gibt Tage, an denen die Verschmutzung so stark ist, dass ein Dunstschleier die Sicht versperrt. Etwa die Hälfte der Schadstoffe kommt aus Europa. Weitere Forschungsschwerpunkte sind die Untersuchung des Erdmagnetfelds oder die Erforschung von Leuchterscheinungen wie dem Polarlicht, die Aurora Borealis. Spitzbergen scheint sich zu einer Art „Mekka" der Arktisforschung zu entwickeln. Allein in Ny-Ålesund, etwa in der Mitte der Westküste von Svalbard gelegen, gibt es zwölf ständig besetzte Forschungsstationen, z. B. aus Norwegen (mehrere), Schweden, Deutschland, Frankreich, der Volksrepublik China, Indien, Italien, Norwegen, Südkorea, dem Vereinigten Königreich, den Niederlanden und Japan. An anderen Orten, z. B. der Hauptstadt Svalbards, Longyearbyen, befinden sich weitere Forschungsstationen und eine russische Station in Barentsburg.

93 Der größte Ort ist Longyearbyen.

Norwegens Regierung hat dem ESFRI, European Strategy Forum on Research Infrastructures, vorgeschlagen, Svalbard als internationale Forschungsplattform zu entwickeln. Um die Koordination und Organisation sicherzustellen, gibt es das Svalbard Integrated Arctic Earth Observing System (SIAEOS).

Obwohl der Archipel weit vom europäischen Festland entfernt liegt, fördert die EU viele Forschungsprojekte; mehr als 30 der 166 offiziellen Projekte werden auf Svalbard durchgeführt.

Zählt man die Forschungsstationen aller Länder zusammen, die in der Arktis stationiert sind, kommt man in der Literatur auf 85 mit den Wissenschafts- und Forschungsgebieten Glaziologie, Geophysik, Ozeanografie (Wetterforschung) und Biologie sowie weiteren ineinandergreifenden Forschungsgebieten.

In einigen der Quellen zu den obigen Projekten werden Angaben die Zahl der Forschungsstationen, die Zahl der Forschungsmitarbeiter und die Zahl der Nationalitäten genannt. So kooperieren weltweit 80 Institute und 500 Wissenschaftler aus 20 verschiedenen Nationen nahmen an der MOSAIK-Expedition von September 2019 bis Oktober 2020 teil. Darunter befinden sich asiatische Staaten wie z. B. China, Indien, Japan, Singapur und Südkorea. Als erstes Land, das Arktisforschung begann, kann Japan seine Erfahrung mit einbringen; es ist das Land, das am nächsten an den Kurilen und Aleuten liegt. Indien ist z. B. an den Einflüssen der Arktis auf den Monsun und im Zusammenhang der Gletscherforschung im Himalayagebirge interessiert. Singapur und Südkorea können ihr technologisches Know-how im Hafen- und Schiffbau nutzen. Aber auch europäische Staaten wie Frankreich, Großbritannien, Italien, Schweiz oder Polen sind mit wissenschaftlichen Forschungsprojekten beteiligt.

Nach Angaben der Arctic Report Card von 2019 der NOAA, National Oceanic and Atmospheric Administration, waren am Bericht 80 Wissenschaftler aus 12 Ländern beteiligt.

Bei wirtschaftlichen Projekten sieht die internationale Zusammenarbeit und Kooperation ähnlich aus. Ein Unternehmen oder ein Staat allein ist wortwörtlich allein gelassen. Ohne Hilfe und Unterstützung durch mehrere Partner ist ein erfolgreiches Zustandekommen von Projekten kaum oder gar nicht möglich.

Und weil sich der Arktische Rat und die Beobachterstaaten unisono für Forschung und Umweltschutz als Ziele und Zwecke ihrer Arbeit aussprechen, könnte dies die Kooperationsbasis einer sinnvollen und nutzbringenden Zukunft der Arktis sein.

14 Resümee – Ausblick

Der Trend des Abschmelzens des Polareises scheint unumkehrbar und damit die weitere Erderwärmung sowie zunehmend der damit verbundene sich negativ auf die Menschheit auswirkende Klimawandel. Aus heutiger Sicht und nach derzeitigem Kenntnisstand ist es nur eine Frage der Zeit, wann die Arktis eisfrei sein wird, sei es 2030, 2040 oder 2050 oder später. Bereits heute sind die Aktivitäten der Offshore-Ressourcengewinnung, des Mineralienabbaus und der bis an die Ausrottung einzelner Arten grenzende Fischfang in den Nordpolarmeeren deutlich zu erkennen. Hinzu kommen geopolitische Spannungen, die zu militärischen Aktivitäten führen, sodass feststeht: Die maritimen Aktivitäten werden zunehmen!

Die Arktis gewinnt aus militärischer und geostrategischer Perspektive aus Sicht von führenden Militärs, Politikern und Politikwissenschaftlern seit dem Ukrainekrieg an Bedeutung.

In den letzten beiden Jahrzehnten haben alle acht Anrainerstaaten wissenschaftliche Forschung und Umweltschutz in den Vordergrund gestellt. Oberste Ziele sind Klimawandel und Umweltschutz sowie wissenschaftliche Forschung.

Es bleibt zu hoffen, dass in der ökonomischen Nutzung der Arktis und ihrer Ressourcen von allen Beteiligten positive Chancen im Sinne einer Kooperation und im Sinne von UNCLOS wahrgenommen werden, worin festgelegt wurde, die „Hohe See als ein gemeinsames Erbe der Menschheit“ zu sehen und wahrzunehmen.

Dieser Gedanke erfuhr in den letzten Jahren durch Chinas Interesse an der Arktis eine Renaissance; hierbei wurde die Wissenschaft und damit die „Angelegenheit der Menschheit“ bzw. das „Erbe der Menschheit“ in den Vordergrund gerückt.

Das Manuskript dieser Arbeit wurde 2020 fertiggestellt und 2021 überarbeitet, bevor der Ukrainekrieg begann. Es wurde nicht wissenschaftlich erarbeitet, um eine Forschungslücke zu füllen, sondern ist als Überblicks- und Grundlagenarbeit für den deutschsprachigen Raum gedacht, weil eine schier unübersichtliche Zahl an Veröffentlichungen in englischer Sprache existiert und viele Fachabkürzungen und Fachtermini benutzt werden, die den wissenschaftlichen Experten bekannt sind und vorausgesetzt werden. Insofern ist der Text als Überblick und Zusammensetzung von mehr oder minder kleineren oder größeren Mosaiksteinen für ein breiteres Publikum und für Ansprechpartner und Interessierte in der maritimen Industrie, insbesondere in Reedereien und in der maritimen Industrie zu sehen. Zudem soll die Arbeit aufgrund der vielfältigen Fragen aus den Bereichen Umwelt, Rohstoffe, Logistik, Wirtschaft, Politik usw. zu vertiefenden Recherchen und Analysen anregen.

15. Nennenswerte Abkürzungen und Erklärungen

AC	Arctic Council mit Sitz im norwegischen Tromsø. Es wurde 1996 zum Interessenausgleich der arktischen Anrainerstaaten und der indigenen Völker gegründet.
ACIA	Mit dem Arctic Climate Impact Assessment ist die Abschätzung der Klimafolgen gemeint; siehe auch AMAP. Über 300 Wissenschaftler bringen dort ihre Forschungsergebnisse über den besonderen Temperaturanstieg und die dadurch besonders starken Veränderungen des Abschmelzens des Polar- und Gletschereises ein. Insbesondere werden auch die dadurch entstehenden Folgen und Veränderungen auf die Tier- und Pflanzenwelt in der Arktis dargestellt. www.acia.amap.no.
ALC, ALCs	Arctis Lines of Communication, ursprünglich die Kommunikationsverbindung einer militärisch operierenden Einheit mit ihrer Versorgungsbasis bzw. ihrem Hauptquartier/-kommando. Die übliche Abkürzung ist LOC, Line of Communication. Es gibt auch SLOC für Sea Line of Communication, GLOC für Ground Line of Communcation oder ALOLC für Air Line of Communication. Hier beziehen sich die ALC ausschließlich auf die Schifffahrt.

AMAP	AMAP steht für Arctic Monitoring Assessment Programm, deutsch: Arktisches Überwachungs- und Bewertungsprogramm. Es besteht aus einer Arbeitsgruppe des AR, die verlässliche wissenschaftliche Daten und Informationen über die Bedrohung der Umwelt der Arktis zur Verfügung stellt. Damit sollen die arktischen Regierungen unterstützt werden, Maßnahmen bezüglich des Klimaschutzes zu treffen. Seine Projektarbeiten beziehen sich z. B. auf die menschliche Gesundheit und die Wechselwirkungen zwischen Klimaschadstoffen und der Umwelt. www.amap.no.
AMSA	Das Arctic Maritime Shipping Assessment konzentriert sich thematisch auf die Meeressicherung und Meeresumweltverschmutzung. Aufgrund der Mandate des AR werden auf Basis wissenschaftlicher Erkenntnisse dem AR mit dem AMSA Empfehlungen zu Maßnahmen für die Meeressicherung und für eine nachhaltige Entwicklung der Arktis an die Hand gegeben. www.oaarchive.arctive-council.org. Der AMSA-Report von 2009 wurde in Tromsø von allen Arktisanrainerstaaten ratifiziert. Arctic Marine Shipping Assessment ist der AMSA-Report des AC. Beachte hierzu auch die Angaben des NOAA, National Oceanic und Atmospheric Administration. www.oaarchive.arctic-council.org.
ARPA	Der Arctic Research and Policy Act von 1984 und seine späteren Erweiterungen sehen eine umfassende nationale Politik vor, die sich mit den nationalen Forschungsbedürfnissen und -zielen in der Arktis befasst. Das OPP, Office of Polar Programms, unterstützt die Umsetzung des Arctic Research and Policy Act durch die NSF, National Science Fondation.

AS	Aksjeselskap, die Rechtsform einer norwegischen kleinen Gesellschaft.
AZRF	The **A**rctic **Z**one of the **R**ussian **F**ederation. Damit wird das Küstengebiet und die russische Arktis vom westlichen Ende in Europa bis zum östlichen Ende in Asien bezeichnet. Siehe hier das Investment Portal of the Arctic Zone of Russia. www.arctic-russia.ru.
BBC	British Broadcasting Corporation ist eine öffentlich-rechtliche Rundfunkanstalt des Vereinigten Königreichs.
CO_2	Chemische Abkürzung für Kohlenstoffdioxid, auch Kohlendioxid genannt. Es ist ein geruchloses, farbloses Gas.
COSPAS-SARSAT	COSPAS-SARSAT ist ein internationales satellitengestütztes Such- und Rettungssystem zur Erfassung und Lokalisierung von Notfunkbaken – EPIRB für Schiffe, ELT für Luftfahrzeuge und PL'B für die persönliche Verwendung. Das System basiert auf der Technik des Argos-Systems. Siehe auch SAR.
DSC	Abkürzung für **D**igital**S**elective **C**all (**Digitaler Selektivruf**). Es ist ein digitales Anrufverfahren im Seefunk, das neben dem UKW-Sprechfunkverfahren benutzt wird. Mit dem DSC-Anruf kann eine Funkverbindung mit bestimmten Funkstellen an Land in bestimmten geografischen Bereichen hergestellt werden. Das DSC ist ein wesentlicher Bestandteil im GMDSS.

ECONOR	**Eco**nomy of the **Nor**th. Die Wirtschaft des Nordens. Die ECONOR-Projekte werden in enger Zusammenarbeit mit dem SDWG des AC (Sustainable Development Working Group des Arktischen Rates) durchgeführt. Der Zweck besteht darin, aktualisierte statistische Daten und Zahlen aufzubereiten, um einen Überblick über die Lebensbedingungen und die Umwelt in der Arktis zu erhalten. Ziel ist, die Politik über eine nachhaltige Entwicklung zu informieren. Die Redaktionsgruppe ist bei Statistics Norway in Zusammenarbeit mit CIVERO an der Université Laval angesiedelt.
EEZ	Exklusive Economic Zone. Deutsch: AWZ, die ausschließliche Wirtschaftszone der USA, erstreckt sich auf 200 Seemeilen von der Küsten-Meer-Basislinie und grenzt an das 12-Seemeilen-Küstenmeer der USA.
GMDSS	Global Maritime Distress and Safety System. GMSDSS wurde im Rahmen von SOLAS eingerichtet und ist ein weltweites Seenot- und Sicherheitsfunksystem. Es stellt eine Zusammenfassung von technischen Einrichtungen, Dienststellen und Regeln zur Sicherung der Schifffahrt und der weltweiten Hilfe bei Seenotfällen dar.

GL	GermanischerLloyd. Eine deutsche Klassifizierungsgesellschaft. Klassifizierungsgesellschaften stellen nach einer technischen Prüfung Gültigkeits- bzw. technische Nutzungszertifikate aus, z. B. Kfz-Zulassungen. Auf die Schifffahrt bezogen sehen in der Regel die Gesetze der Schiffsregister einzelner Länder eine Auswahl an Klassifizierungsgesellschaften vor, die für die Immatrikulation eines Schiffes zugelassen sind. Derzeit sind z. B. für das Luxemburger Schifffahrtsregister die Klassifizierungsgesellschaften ABS (American Bureau of Shipping), BV (Bureau Veritas), DNV-GL (De Norske Veritas – Germanischer Lloyd), KR (Korean Ship Registry), LR (Lloyds Register), ClassNK (Nippon Kaiji Kyokai), RINA (Registro Italiano Navale) zugelassen.
GLONASS	Global Navigation Satellite System. Dies ist ein russisches satellitengestütztes Navigationssystem, das speziell für die Arktis eingerichtet wurde und neben dem GPS, Global Positioning System, arbeitet, um kompatiblen Geräten Positionsinformationen zu liefern.
GPS	Global Positioning System. Technische Geräte liefern Positionsinformationen, die über Satellitentechnik ermittelt werden.
HMS	His/Her Majesty's Ship (Seiner/Ihrer Majestät Schiff). Alle Schiffe der britischen Royal Navy tragen vor ihrem Namen den Titel „HMS", der darauf hinweist, dass es sich um ein Schiff der Royal Navy, der königlichen Marine Großbritanniens, handelt.

ICC	Der ICC; Inuit Circumpolar Council, ist 1977 gegründet worden und heute eine der größten internationalen NGOs (Non Government Organisations/Nichtregierungsorganisationen). Diese vertritt ca. 180.000 Inuit aus Alaska, Kanada, Grönland und Tschukotka (RU). www.icc.com oder auch www.inuitcircumpolar.com, www.arcticcouncil.org.
ICT	Information and Communication Technology. Informations- und Kommunikationstechnik ist die dafür vorgesehene Technik. Oftmals wird auch die Abkürzung ITK benutzt, mit der die Begriffe aus den Branchen IT, der Informationstechnologie und TK, der Telekommunikationstechnologie gemeint sind.
Ilulissat	Ilulissat ist eine Küstenstadt im westlichen Grönland mit etwa 4.800 Einwohnern. Der Name wurde durch die „Erklärung von Ilulissat“ vom 28. Mai 2008 bekannt. Ziel war die Regelung der Interessen anderer Nationen, die Teil der arktischen Region sein wollten. Die A5 (Anrainerstaaten der Arktis) befinden sich in einer einzigartigen Position und behalten ihre primäre Rolle in der Regierungsführung; sie behalten das Recht, die Souveränität und ihre Führungsrollen in der Arktis. Die Erklärung definiert auch die universelle Zusammenarbeit aller Staaten und die Bedeutung des AC.
IPCC	Inter Governance Panel on Climate Change, deutsch: „Zwischenstaatlicher Ausschuss für Klimaänderungen“. Er ist das Gremium der UN zur Bewertung der Wissenschaft im Zusammenhang mit dem Klimawandel. Umgangssprachlich wird er „Weltklimarat“ genannt. www.ipcc.ch.

IMO	International Maritime Organisation. Die Internationale Seeschifffahrtsorganisation ist eine Sonderorganisation der UN mit Sitz in London. www.imo.org.
Kalaallit	Kalaallit wird das indigene Volk der Grönländer genannt. Die Kitaamiut (Westgrönländer) vertreten mit ca. 47.000 Menschen den größten Teil. Zudem gibt es Tunumiit sowie Ittoggortoormiit (Ostgrönländer), die ca. 3.500 Personen ausmachen. Die Inughuit (Nordgrönländer) vertreten mit ca. 800 Menschen die kleinste Gruppe. Dänemark mit inbegriffen, wird eine Gesamtzahl von ca. 60.000 Kalaallit geschätzt. Da es keine ethnischen Untersuchungen gibt, kann die Bevölkerungsstruktur nur geschätzt werden. Etwa 92 % der grönländischen Bevölkerung identifiziert sich als Kalaallit. Die gesamte Bevölkerung lebt an den Küsten.
Kalaalit Nunaat	Kalaalit Nunaat ist die grönländische Bezeichnung für Grönland. Die größte Insel der Erde ist autonomer Bestandteil des Königreichs Dänemark, seit 2009 mit umfangreicherer Selbstverwaltung. Es gibt Unabhängigkeitsbestrebungen, die von Dänemark unterstützt werden.
kW	Damit ist die „Leistung" eines technischen Gerätes gemeint, angegeben in Watt sowie die Energieerzeugung bzw. der Energieverbrauch. Im Gegensatz dazu ist die Leistung, wenn man sie mit Stunden multipliziert, der Stromverbrauch in Wattstunden (Wh).
LNG	Liquefied Natural Gas. Das ist die Bezeichnung für Flüssiggas, das auf über −161 °C abgekühlt wird und damit nur noch 6 % des Volumens des gasförmigen Erdgases aufweist.

MS	**M**otor**s**chiff.
NEP und **NWP**	**N**orth **E**ast **P**assage, deutsch: NOP, Nordostpassage. Im Gegensatz zur NEP ist die NWP, **N**orth **W**est **P**assage, deutsch: NWP, Nordwestpassage, zu sehen. Siehe auch NSR, Northern Sea Route, Nördliche-See-Route und TPR, Transpolar Shipping Route, Transpolare Schifffahrtsroute.
NOAA	**N**ational **O**ceanic and **A**tmospheric **A**dministration. Die Aufgabe dieser Administration ist es, tägliche Wettervorhersagen, Sturmwarnungen und Klimaüberwachung für das Fischereimanagement, die Wiederherstellung zerstörter und verwüsteter Küsten und die Unterstützung des Seehandels bereitzustellen. www.noaa.org.
Nuuk	Nuuk ist die größte Stadt Grönlands und Hauptstadt von Kalaalit Nunaat. Sie liegt an der Südwestküste und hat rund 19.600 Einwohner.
NEP	**N**orth **E**ast **P**assage. Die Nordostpassage ist die Schifffahrtsroute zwischen dem Atlantik und dem Pazifischen Ozean entlang der arktischen Küsten Norwegens und Russlands. Die NEP durchquert von Westen nach Osten die Barentssee, die Karasee, die Laptewsee, die Ostsibirische See und die Tschuktschensee und schließt die Nordseeroute (NSR) ein. Die NSR ist ein Teil der NEP. Sie ist im russischen Recht definiert und umfasst nicht die Barentssee und erreicht daher nicht den Atlantik. Da sich die NSR jedoch erheblich mit dem Großteil der NEP überschneidet, wird der Begriff NSR häufig verwendet, um sich auf die gesamte Nordostpassage zu beziehen.

NSR	**N**orthern **S**ea **R**oute. Der nördliche Seeweg ist ein Teil der NEP, der Nordostpassage. Er führt von Nowaja an der Karasee zur Beringstraße. Er wurde erstmals 1878/79 von Adolf Erik Nordenskjöld mit dem Schiff Vega bewältigt. Die NEP führt z. B. über Murmansk, Obert, Nents, Yamal-Nenets, siehe NEP.
nm	**n**autical **m**ile. Eine nautische Meile, also Seemeile, entspricht 1.872 Metern.
pH-Wert	Ein pH-Wert gibt an, wie sauer oder basisch eine Lösung ist. Er wird zwischen den Zahlen 0 und 14 gemessen. 7 ist eine neutrale Lösung. Werte unterhalb von 7 sind sauer, Werte oberhalb von 7 sind basisch.
Polar Code	Damit ist der **P**olar **C**ode der IMO gemeint, der Bestimmungen und Regeln für Schiffe für die Seegebiete A4 (Pole) festlegt, betreffend Eisklassen, Design, Konstruktion, Ausrüstung, operationelles Trainings der Besatzung, SAR-Sicherheits- und Rettungsmaßnahmen sowie Umweltschutzmaßnahmen.
SAR	**S**earch **A**nd **R**escue, mit „Menschenrettung“ übersetzt, ist die wichtigste Aufgabe aller staatlichen Sicherheitsbehörden und Organisationen mit Sicherheitsauftrag. Die Definition lautet: „Retten“ bedeutet das Abwenden einer Gefahr von Menschen oder Tieren durch lebensrettende Sofortmaßnahmen, die sich auf Erhaltung bzw. Wiederherstellung von Atmung, Kreislauf und Herztätigkeit richten und/oder Befreien aus einer lebens- oder einer gesundheitsgefährdenden Zwangslage.

SOLAS	International Convention for the **S**afety **of** **L**ife **at** **S**ea, das internationale Übereinkommen von 1974 zum Schutz des menschlichen Lebens auf See, eine UN-Konvention zur Schiffssicherheit.
SRÜ	SRÜ steht für Seerechtsübereinkommen ist die deutsche Bezeichnung für das internationale Abkommen des Seevölkerrechts, UNCLOS, von 1982. Mit dem SRÜ (UNCLOS) wurden der Internationale Seegerichtshof in Hamburg, die Internationale Meeresbodenbehörde in Kingston und die Kommission zur Begrenzung des Festlandsockels in New York geschaffen. www.un.org.
COSPAS-SARSAT	COSPAS-SARSAT ist ein internationales satellitengestütztes Such- und Rettungssystem zur Erfassung und Lokalisierung von Notfunkbaken – EPIRB für Schiffe, ELT für Luftfahrzeuge und PL'B für die persönliche Verwendung. Das System basiert auf der Technik des Argos-Systems.
TEU	Abkürzung für einen 20-Fuß-Standardcontainer, **T**wenty-**F**oot **E**quivalent Unit. Neben Ausnahmen und „Spezialboxen", die nur selten benutzt werden, gibt es im Containertransport auch noch die Größe FEU, „Fourty-Foot Equivalent Unit", 40-Fuß-Container, die an Bord den Stellplatz von zwei TEUs in Anspruch nimmt.

Thule	Hiermit ist die Thule Air Base, ein US-amerikanischer Luftwaffenstützung in Nähe von Uummannag (Dundas) auf Kalaalit Nunaat (Grönland) gemeint. Der Name kann auch die Bezeichnung einer mythischen Insel im Norden Europas sein oder auch einer Handelsstation auf dieser Insel. Man kann auch einen alten Namen für Skandinavien darunter vermuten.
UKW	Abkürzung für **U**ltra**k**urz**w**elle. Der UKW-Funk ist der klassische Funk für den Sprechfunkverkehr an Bord.
UN	Die **U**nited **N**ations, Vereinte Nationen, wurden 1945 gegründet und sind ein zwischenstaatlicher Zusammenschluss von 193 Staaten und als globale internationale Organisation ein uneingeschränkt anerkanntes Völkerrechtssubjekt. Hauptsitz ist New York. www.un.org.
UNCLOS	**U**nited **N**ations **C**onvention **L**aw **o**f the **S**ea von 1982. Das Seerechtsübereinkommen der UN ist ein internationales Abkommen des Seevölkerrechts, das alle Nutzungsarten der Meere regeln soll. www.un.org.
USGS	Die United States Geological Survey ist eine wissenschaftliche Behörde des Innenministeriums der Vereinigten Staaten. Sie ist für die amtliche Kartografie zuständig. USGS, https:/www.usgs.gov.

VEB	Wneschekonombank, manchmal auch WEB abgekürzt, deutsch; Bank für Außenwirtschaft. Sie wurde bereits 2022 gegründet und mehrmals umorganisiert. Sie ist nicht zu verwechseln mit der Außenhandelsbank, abgekürzt VTB. Die VEB verwaltet die Auslandsschulden der Russischen Föderation. Sie fördert durch Exportrisikoversicherungen die internationale Wettbewerbsfähigkeit der russischen Wirtschaft und ist auch als staatliche Rentenversicherungsanstalt tätig.
WHO	Die **W**orld **H**ealth **O**rganisation ist eine Sonderorganisation der United Nations mit ihrem Hauptsitz in Genf (CH). Die Hauptaufgabe der Organisation ist die Koordination des internationalen öffentlichen Gesundheitswesens. www.who.int.

16. Erwähnte Unternehmen und Institutionen, die an Projekten in der Arktis beteiligt sind

AAC	Der **AAC, A**rctic **A**thabaskan **C**ouncil (mit ca. 40.000 Menschen), Organ der garantierten Beteiligung beim AC dieser indigenen Bevölkerung.

AARC	Aker Arctic Technologie Inc., wird auch oft als Aker Arctic abgekürzt. Es ist seit 2004 der Zusammenschluss von Wärtsila und später Masa-Yards. Es ist ein finnisches Ingenieurbüro, das in Helsinki ein Eismodell-Testbecken betreibt. Neben dem Testen von Schiffsmodellen bietet das Unternehmen verschiedene Konstruktions- und Beratungsdienste im Zusammenhang mit Eisbrechern, anderen eisgehenden Schiffen und arktischen Offshore-Projekten sowie großmaßstäbliche Versuche, Feldexpeditionen und Schulungen für eisige Bedingungen an. Aker Arctic und seine Vorgänger haben mehr als die Hälfte der Eisbrecher der Welt entworfen. Darüber hinaus ist das Unternehmen für eine Reihe neuerer Erfindungen im Design von eisgehenden Schiffen verantwortlich. Siehe dazu auch Helsinki Shipyard Oy; http://www.akerarctic .fi und https://www.helsinkishipyard.fiunderline.
ACGF	Arctic Coast Guard Forum. Das ACGF ist eine unabhängige Organisation, die dazu beiträgt, sichere und umweltverträglicher maritime Aktivitäten in der Arktis zu fördern. Alle arktischen Länder sind Mitglieder des Forums. Parallel zum Arktischen Rat werden mit dem zweijährigen Wechsel des Vorsitzenden die Aufgaben angepasst. Von 2021 bis 2023 hat Russland den Vorsitz. www.arcticoastguardforum.comunderline.

AESC	Arctic Executive Steering Committee, arbeitet eng mit dem OSTP, Office of Science and Technology Policy, zusammen. Diese Bundesbehörde in den USA wurde 2015 eingerichtet zur Hilfe und Unterstützung bei der Koordinierung mit Bundesstaaten, Kommunen und Stämmen der Alaska-Indianer und anderen Organisationen sowie Forschungseinrichtungen, besonders auf das Thema Klima und Umwelt gerichtet. Ziel ist es, die Bedürfnisse der in der Arktis lebenden Amerikaner zu erfüllen und die Interessen der USA in der Arktis zu fördern. www.whitehouse.gov.
AC	Arctic Council, Arktischer Rat. Mit dem AMAP, Monitoring and Assessment Program wurden aufgrund der AEPS, Arctic Environmental Protection Strategy sechs Arbeitsprogramme und Arbeitsgruppen ins Leben gerufen; dies sind: **CAFF**, Conservation of Arctic Flora and Fauna (Programm zur Bewahrung der arktischen Flora und Fauna), **PAMA**, Proctection of the Arctic Marine Environment (Programm zur Bewahrung der arktischen Umwelt), **EPPR**, Emergency Prevention, Preparedness and Response (Programm zur Notfallprävention, Nofallvorsorge und Notfallbewältigung), **SDWG**, Sustainable Development Working Group (Arbeitsgruppe für nachhaltige Entwicklung), **ACAP**, Arctic Contaminants Action Program (Aktionsprogramm betreffend Schadstoffe in der Arktis).
AIA	Die **AIA**, Aleut International Association (mit ca. 15.000 Menschen) ist das Organ der garantierten Beteiligung beim AC dieser indigenen Bevölkerung.

AWI (MOSAIC)	Alfred-Wegener-Institut, Helmholtz-Zentrum für Polar- und Meeresforschung, ist ein international anerkanntes Forschungsinstitut mit Sitz in Bremerhaven. Es gilt weltweit als einzigartig mit seinen Forschungen sowohl in der Arktis als auch Antarktis. Es erforscht die Erkundung der Polarregionen, deren geologischen Aufbau sowie dessen Struktur und Einordnung in die Erdgeschichte. Klimaforschung, Meeresbiologie und Meeresgeologie sind die zentralen Forschungsbereiche. An vier Standorten arbeiten ca. 1000 Mitarbeiter/-innen. Erwähnenswert ist die MOSAIC-Expedition mit dem Forschungsschiff Polarstern von September 2019 bis Oktober 2020. MOSAIC steht für "**M**ultidisciplinary drifting **O**bservatory for the **S**tudy of the **A**rctic **C**limate". www.awi.de, www.https://mosaic-expedition.org.
BGR	**B**undesanstalt für **G**eowissenschaften und **R**ohstoffe. Die BGR ist die zentrale geowissenschaftliche Bundesbehörde, die die Bundesregierung in allen georelevanten Fragen berät. Sie ist dem Bundesministerium für Wirtschaft und Klimaschutz unterstellt. www.bgr.bund.deunderline.
BRI	Die **B**elt and **R**oad **I**nitiative ist ein anderer Begriff für „One Belt One“ (OBOR) und hat die gleiche Bedeutung. Siehe unten. www.oecd.org.

BSH	Mit BSH wird das Bundesamt für Schifffahrt und Hydrographie mit Sitz in Hamburg abgekürzt; es gibt einen Nebensitz in Rostock. Es ist eine von vier Sonderbehörden des BMWI und zuständig für alle maritimen Angelegenheiten, z. B. Meer, Nautik und Schifffahrt, Vermessung, Seekarten und Kartografie, Klima, Geoinformationen, Umwelt, Forschung und Entwicklung usw. Dem BSH stehen fünf eigene Vermessungs-, Wracksuch und Forschungsschiffe zur Verfügung. www.bsh.de.
CAAA	CAAA ist die Abkürzung für Chinese Arctic and Antarctic Administration, die chinesische Arktis- und Antarktisverwaltung. Sie wurde 1981 gegründet und gehört zur State Oceanic Administration. Diese Behörde organisiert und unterstützt die wissenschaftlichen Programme für die Arktis und auch Antarktis; sie ist für die logistische Unterstützung und alle Aktivitäten der Polarforschungsexpeditionen zuständig. www.chinare.mnr.gov.cn.
CCCC	China Communication Construction Company. Das Unternehmen wurde 2005/06 gegründet und befindet sich mehrheitlich in Staatsbesitz. Es ist in der Bauindustrie und im Ingenieurwesen tätig und plant den Bau und Betrieb von Infrastrukturanlagen wie z. B. Autobahnen, Brücken, Tunneln, Eisenbahnen, U-Bahnen, Flughäfen und insbesondere auch Ölplattformen und Seehäfen. Im Rahmen der RBI war es an zahlreichen Projekten beteiligt. Die Unternehmenszentrale befindet sich in Peking. www.cccltd.cn.

CDB	Die China Development Bank, gegründet 1994, ist eine staatliche Erschließungsbank für große Infrastrukturprojekte, z. B. des Drei-Schluchten-Damms und des Flughafens Shanghai-Pudong. Für Kredite der CDB haftet die Regierung der Volksrepublik China. China vergibt über die Bank auch Kredite an Länder wie Venezuela, Brasilien, Indien, Ghana und Argentinien zur Sicherung zukünftiger Rohstofflieferungen. 2009 wurde die CDB Aviation, ein Tochterunternehmen der CDB Leasing Co. Ltd. gegründet, speziell zur Finanzierung von Flugzeugen und Projekten in der Luftfahrtindustrie. Eine CDB Shenzhen Finance Leasing Co. Ltd ist für verschiedene Transportsektoren zuständig.
Chinas Silk Road Fund	Die chinesische Regierung hat 2014 den Silk Road Fund, einen staatlichen Investitionsfonds, mit 40 Mrd. US-Dollar gegründet. Ziel ist es, entlang des „One Belt, One Road", einer Initiative zur wirtschaftlichen Entwicklung, Investitionen zu tätigen. Bis 2017 beliefen sich die zugesagten Investitionen des Silk Road Fund auf sechs Mrd. US-Dollar. Betreffend die Arktis ist der Erwerb von 9,9 % des LNG-Projekts Yamal in Sabetta von Novatek erwähnenswert und der Erwerb von 9,9 % von PJSC Sibur Holdings, einem russischen Energieunternehmen. www.silkroadfund.com.
CINIA	Das Unternehmen Cinia wurde bereits 1861 für den damals neuen Industriezweig der Telegrafenlinien/-verbindungen gegründet. Heute ist es ein IT-Hightech-Unternehmen mit den Geschäftszweigen Internationale Konnektivität, Netzwerklösungen, Softwarelösungen und Cybersicherheitslösungen. Es ist zu über 70 % in Staatsbesitz. Die Unternehmenszenttale befindet sich in Helsinki. www.cinia.fi.

CLCS	Commission the Limits of the Continental Shelf. Die Kommission für Grenzen des Festlandsockels besteht aus 21 Mitgliedern aus der Wissenschaft und Forschung. Sie unterstützen die Umsetzung des UNCLOS (SRÜ) der UNI bezüglich der Festlegung der äußeren Grenzen des Festlandsockels jenseits der 200-sm-Grenze von den Basislinien, von denen aus die Breite des Küstenmeeres gemessen wird. www.un.org/Depts/los.
CNPC	CNPC steht für China National Petroleum Corporation, das 1949 vom chinesischen Erdölministerium gegründet wurde. Zusammen mit CNOOC (China National Offshore and Oil Corporation) und Sinopec gehört CNPC zu den drei größten Mineralölunternehmen Chinas. Es steht nach eigenen Angaben von 2018 an Nr. 3 der 50 größten Ölunternehmen weltweit und auf Rangliste Nr. 4 der „Fortune 500„-Unternehmen mit geschätzten 400 Mrd. Dollar Umsatz und 1,3 Mio. Beschäftigten. Nach dem Geschäftsbericht arbeitet es in „Key Welfare Projects“ in Niger, Sudan, Venezuela, Peru, Singapur, Kasachstan und Kyrgyzstan und Tajikistan. http://www.cnpc.com.cn.

CPGC	Die China Poly Group Corporation ist ein börsennotiertes chinesisches Staatsunternehmen, das in vielen zivilen und militärischen Industriebereichen tätig ist, z. B. internationaler Handel, Immobilienentwicklung, Forschung und Entwicklung in der Leichtindustrie und Ingenieursdienstleistungen, Management von Rohstoffen und Produkten für Kunst und Handwerk, Kultur und Kunst, Materialien und Dienstleistungen für zivile Sprengstoffe, Informations- und Kommunikationstechnologie und Finanzen bis hin zur Raketentechnik und auch Industriebau (z. B. Häfen); es rangiert derzeit unter den Fortune-500-Unternehmen auf Platz 147. Die Mitarbeiterzahl wird mit über 110.000 angegeben; der Umsatz mit ca. 45 Mrd. und der Gewinn mit 560 Mio. US-Dollar. www.poly.com.cn.
COSCO	China Ocean Shipping (Group) Company. Sie ist die weltgrößte Reederei, gemessen an der Zahl der Schiffe und am Laderaum sowie am Umsatz und an den Mitarbeiter/-innen. Sie ist an mehr als 20 Häfen weltweit beteiligt, in Europa an den Häfen von Piräus und Antwerpen. Die Gründe für Hafenbeteiligungen von Reedereien sind vor allem die sehr hohen Liegeplatzkosten. Wenn eine Reederei, wie z. B. Maersk in Tanjas Pelepas (bei Singapur), einen eigenen Hafen mit über 3 km Pierlänge betreibt, kann sie nicht nur ihre eigenen Schiffe dort abfertigen, sondern auch Liegeplatz- und Abwicklungsgebühren von Schiffen anderer Reedereien einnehmen. Beteiligungen an Häfen haben deshalb eine strategische Bedeutung. www.lines.coscoshipping.com.

Coast Guard	Hier ist die United States Coast Guard gemeint, ggf. auch die kanadische. Die US Coast Guard ist ein Exekutivorgan der US-Bundesregierung und einer der acht uniformierten Services, spezialisiert, wie der Name ausdrückt, auf Küstenschutz und Küstenüberwachung der gesamten Küste im Norden, Osten, Westen und Süden der USA. www.uscg.mil.
Daewoo Shipbuilding & Marine Engineering	DSME, der abgekürzte Unternehmensname, mit Hauptsitz in Seoul, ist seit 1999 eigenständig und gehört zu den weltweit größten Werften. Mit Hyundai und Samsung ist es eines der drei großen Schiffbauunternehmen in Südkorea. Das Unternehmen baute als erste Werft die ersten Containerschiffe mit über 20.000 TEU Tragkapazität. Betreffend der Yamal-Erdgasexploration baute es 15 LNG-Eisbrechertankschiffe, die von der Aker Arctic Technology Inc. entworfen wurden. Diese Eisbrechertanker können bis zu 2,5 m dickes Eis brechen und ganzjährig auf der Yamal Halbinsel eingesetzt werden. www.dsme.co.kr. Südkorea ist das einzige nicht arktische Land, das Eisbrecherschiffe bauen kann.
EMSA	Die EMSA,**E**uropean **M**aritime **S**afety **A**gency, auf Deutsch Europäische Agentur für die Sicherheit des Seeverkehrs) wurde nach dem Tankerunfall 1999 an der Küste der Bretagne eingerichtet. Ihr Sitz war bis 2002 in Lissabon, seitdem in Brüssel. Sie soll, wie der Name sagt, zur Verbesserung der Seeverkehrssicherheit beitragen und das Risiko von Unfällen auf See und die Verschmutzung der Meere vermeiden sowie Menschenleben und Schiffe schützen. www.emsa.europa.eu.

GCI	Der **GCI**, Gwich'in Council International (mit ca. 9000 Menschen), ist das Organ der garantierten Beteiligung beim AC dieser indigenen Bevölkerung.
-	
Germanischer Lloyd	Abgekürzt GL. Der GL wurde 1867 gegründet und ist die deutsche Klassifizierungsgesellschaft im Kerngeschäft Schiffbau mit Sitz in Hamburg. Weitere Industriebereiche sind Energie, Offshore, Antriebstechnologien und Digital-Lösungen. Als der GL 2013 mit der norwegischen Klassifizierungsgesellschaft DNV, De Norske Veritas, fusionierte, hatte er rund 6.900 Beschäftigte an über 200 Standorten in über 80 Ländern. Der Umsatz betrug damals ca. 740 Mio. Euro. Bis 2021 firmierte er unter dem Label „DNV-GL", danach nur noch unter DNV. Der DNV gehörte zu den Klassifikationsgesellschaften, die das Thema „LNG" frühzeitig als alternativen Treibstoff vorantrieben. Der Konzern hat rund 7000 Beschäftigte. www.dnv.com.
Helsinki Shipyard Oy	Ursprünglich 1865 gegründet, ist diese Schiffswerft heute auf anspruchsvolle Meerestechnik und Spezialschiffbau und Eisbrecher für die Arktis ausgerichtet. Es werden aber auch Passagier- und Kreuzfahrtschiffe konstruiert, designt und gebaut. Zusammen mit der o. g. AARC hat sie mehr als die Hälfte der in Betrieb befindlichen Eisbrecher der Welt gebaut. www.helsinkishipyard.fi.

IACS	International Association of Classification Societies. Zusammenschluss von 11 Klassifizierungsgesellschaften: ABS, American Bureau of Shipping (USA) BV, Burea Veritas (Frankreich), CCS, China Classification Society (China) CRS, Hrvatski Registar Brodova (Kroatien) DNV/GL (Norwegen/Deutschland) HR, Hellenic Register of Shipping (Griechenland) KRS, Korean Register of Shipping (Korea) LR, Loyds Register (Großbritannien), NKK, Nippon Kaiji Kyokai, (Japan) PRS, Polski Rejestr Statków (Polen) RINA, Registro Italiano Navale (Italien) Sie tragen mit ihren technischen Prüfungen und der Ausstellung von Zertifikaten zu einer sichereren und saubereren Schifffahrt bei.
IASC	Mit IASC ist das International Arctic Science Committee gemeint. Das IASC besteht aus fünf Arbeitsgruppen für folgende Wissenschaftsbereiche: - die Atmosphäre der Erde, - Kryosphäre - Maritimes/Marine - Soziales und Menschheit - Terrestrisches (bezogen auf die Erde, die Astronomie, die Biologie und Technik, die mit der Erdoberfläche verbunden ist). Das IASC koordiniert mehrjährige Planungsprozesse mit anderen Instituten und Organisationen, genannt ICARP, International Conference on Arctic Research Planning. Alle zehn Jahre findet solch ein „Arktisforschungsplanungsprozess“ statt. www.iasc.info.

ICC	Der **ICC**, InuitCircumpolarCouncil (mit ca. 180.000 Menschen), ist der Dachverband der Eskimos aus Grönland, Kanada, Alaska und Russland und ein Organ der garantierten Beteiligung beim AC dieser indigenen Bevölkerungsgruppen.
IPEV	IPEV steht für die französische Abkürzung **I**nstitut **P**olaire **F**rancais Paul Emile **V**ictor. Es ist die Nachfolgeinstitution des Institut Francaise pour la Recherche et la Technologie Polaires (IFTRP), deren Zweck die Polarforschung ist. Paul Emile Victor war Ethnologe und ein führender französischer Polarforscher. Dem IPEV, das eng mit dem CNRS, Centre Natinal de la Recherche Scientifique, zusammenarbeitet, stehen drei Forschungsschiffe zur Verfügung. www.institut-polaire.fr.
Luxembourg Space Agency	Die Luxembourg Space Agency, in der Rechtsform einer Stiftung, ist die nationale Weltraumagentur, die 2018 vom damaligen Wirtschaftsminister Etienne Schneider gegründet wurde. Sie soll Unternehmen in der Raumfahrtindustrie fördern, Zugang zu Finanzlösungen bieten, Humanressourcen entwickeln und wissenschaftliches Lernen und Forschung unterstützen. In Zusammenarbeit mit der SES S. A. ergeben sich Synergien. www.space-agency.lu.

NFC	NFC; China Nonferrous Metal Industrys Foreign Engineering and Construction Co. Ltd., 1983 gegründet. Set 1997 ist das Unternehmen börsennotiert. Es deckt mit seiner Geschäftstätigkeit ein breites Spektrum im Bereich der Nichteisenmetalle ab, Projekte jedweder Art, Ressourcenerkundung, Ausrüstungsversorgung, Ingenieurwesen, Beratung, Lieferung und Installation von Ausrüstung, technischem Service, Inbetriebnahme, Personalschulung, Marktentwicklung bis Investition und Finanzierung von Ressourcenerkundung u. a., www.nfc.com.cn.
NOAA	National Oceanic and Atmospheric (Sea Route) Administration. Sie erforscht und erfasst seit 2010 hydrografische Daten zur Vermessung arktischer Seegebiete, erstellt Navigationskarten und andere Hilfsmittel für eine sichere Navigation und arbeitet mit anderen Institutionen und Administrationen betreffend die navigatorische Sicherheit zusammen. Ziel ist auch die Unfallverhütung, Treffen von Vorsorgemaßnahmen und Notfallplanungen und -übungen. 2019 arbeiteten an hydrografischen Projekten des NOAA 80 Wissenschaftler aus 12 Ländern. www.ceanservice.noaa.gov.

Novatec	PAO Novatec, das Unternehmen Novatec ist an der russischen Börse notiert. Es ist der größte unabhängige Erdgasproduzent in Russland und seit 1994 im russischen Öl- und Erdgassektor in der Exploration, Produktion, Verarbeitung und Vermarktung von Erdgas und flüssigen Kohlenwasserstoffen tätig, und zwar im Hauptbetrieb im Autonomen Gebiet der Jamal-Nenzen (YNAO) in Westsibirien. Das YNAO ist die bedeutendste Gasförderregion in Russland, auf die etwa 80 % der russischen Erdgasförderung bzw. etwa 15 % der weltweiten Gasförderung entfallen. 2022 hat es 82 Mrd. Kubikmeter Erdgas produziert. Es ist Nr. 3 weltweit unter börsennotierten Unternehmen durch nachgewiesene Erdgasreserven unter SEC und Nr. 5 weltweit unter börsennotierten Unternehmen nach Erdgasfördermengen. www.novatec.ru.
Ob-LNG	Der **Ob**sky LNG Terminal in Sabetta wird das dritte Flüssiggasprojekt in der Arktis neben dem Yamal-LNG-Projekt sein und soll 2023 das Arctic NG 2 auf den Markt bringen. Es soll 6,6 Mio. Tonnen erzeugen, sodass sich die gesamte LNG-Produktionskapazität in Yamal auf etwa 45 Mio. Tonnen p. a. erhöht. Es soll auch eine Ammonium-Produktionsanlage beinhalten. Eigentümer ist Novatek. Interessant und erwähnenswert ist, dass es mit ausländischer Technologie gebaut werden soll(te), weil es zuvor mit dem Yamal-LNG-Projekt negative Erfahrungen gab. Es soll deshalb, wie das Arctic-LNG-2-Projekt, auf der Grundlage einer schwimmenden, schwerkraftbasierten Struktur entwickelt werden. Das französische Unternehmen Total Energie war an einer Projektbeteiligung interessiert.

OBOR	One Belt One Road. Siehe auch oben unter **Chinas Silk Road Fund**. Auch unter dem Begriff „Neue Seidenstraße" werden chinesische Projekte zum Auf- und Ausbau interkontinentaler Handels- und Infrastrukturnetze bezeichnet. Das Verkehrs- und Transportnetz umfasst über 60 Länder in Afrika, Asien und Europa. Der Name wird in Anlehnung an die historische Seidenstraße benutzt. Siehe auch BRI. www.silkoradfund.com.
Ponant	Ponant ist eine französische Reederei, die 1988 von Handelsoffizieren gegründet wurde. Sie steht für einen neuen Stil von Seereisen und für einen verantwortungsvollen Tourismus. Heute ist sie Weltmarktführer bei Luxusexpeditionskreuzfahrten bei höchstem Komfort und französischem Lifestyle an Bord. Die „Le Commandant Charcot" ist der siebte Neubau seit 2017; das erste Hybrid-Polarexpeditionsschiff wurde auf der VARD-Werft, die zur Fincantieri-Werftengruppe gehört, gebaut. www.de.ponant.com.
RAIPON	Die **RAIPON** als Dachverband der indigenen Völker des russischen Nordens (mit ca. 250.000 Menschen) ist ein Organ der garantierten Beteiligung beim AC dieser indigenen Bevölkerungsgruppen.
Rystadt Energy	Rystad Energy, 2004 gegründet, ist ein unabhängiges Energieforschungs- und Business-Intelligence-Unternehmen mit Sitz in Oslo. Mit ca. 500 Mitarbeitern/-innen ist es das größte Energieberatungsunternehmen in Norwegen. Weltweit gilt es als führend in der Erstellung von Analysen für die Öl- und Gasindustrie. www.rystadenergy.com.

SC	Der **SC, Saami Council** als Vertretung der Samen Norwegens, Schweden und Finnlands (mit über 100.000 Menschen) ist ein Organ der garantierten Beteiligung beim AC dieser indigenen Bevölkerungsgruppen.
SES S. A.	Société Eurepéene des Satellites S. A. Die Gründung erfolgte 1985. Als „First Mover“ gehört das Unternehmen heute zu den weltweit größten Satellitenbetreibern in der Luft- und Raumfahrt. Es ist europäischer Marktführer und deckt über 95 % des Fernsehempfangs in Europa ab. Die Zahl der modernsten geostationären Satelliten, die die SES betreibt, schwankt derzeit zwischen 50 und 100, je nach Alter und „Lebenszeit“ der Satelliten und dem technischen Stand der „Abschaltung“ bzw. „Erneuerung“. Im Frühjahr 2023 berichteten die Medien, dass eventuell eine Fusion mit dem Unternehmen „Intelsat S. A.“ geplant sei. www.ses.com. In diesem Zusammenhang ist erwähnenswert, dass die luxemburgische Regierung 2017 den gesetzlichen Rahmen und damit juristische Sicherheit für die Besitzer von Ressourcen aus dem Weltraum geschaffen und eine eigene Weltraumagentur gegründet hat, die LSA, Luxembourg Space Agency. Damit gehört Luxemburg zu den ersten Staaten auf der Welt, die an internationalen Gesetzen zur Weltraumnutzung mitwirken. www.lsa.com.

Total Energies SE	SE steht für Société Européenne, also die Rechtsform „Europäisches Unternehmen“. Es wurde 1924 von Ernest Mercier gegründet, um Frankreich für eine Schlüsselrolle im Öl- und Gasgeschäft zu positionieren. Nach einer bewegten Geschichte, z. B. als Konkurrent oder Kooperationspartner mit anderen großen Öl- und Gaskonzernen, z. B. Elf Aquitaine (Frankreich) oder Petrofina (Belgien), ist es heute das achtgrößte Industrieunternehmen der Welt mit einem Umsatzvolumen von über 200 Mrd. US-Dollar und 110.000 Beschäftigten. Total Energies war bis 2022 an verschiedenen Projekten in Russland beteiligt, z. B. der LNG-Anlage Yamal. Diese und andere Projekte wie die Ölförderung im Kharyaga-Feld oder das Gasprojekt des Termokarstovoye-Feldes für den russischen Markt wurden nun eingestellt. Eine 20-%-Beteiligung am Kharyaga-Ölprojekt wurde an Zarubezhneft und eine 49-%-Beteiligung an Novatek wurde an Terneftegaz verkauft. http:// www.totalenergies.com.
VT Halter Marine	Die Schiffbauwerft VT Halter Marine Inc., Tochterunternehmen der ST Engineering Halter Marine Offshore (STHMO) mit Produktionssitz in Pascgoula, Mississippi, ist auf Schiffdesign und -bau spezialisiert und hat das US-Verteidigungsministerium als Auftraggeber, aber auch private Kunden. Beide Unternehmen sind im November 2022 von der Bollinger Shipyards, der größten in Privatbesitz befindlichen Schiffsbauwerft, übernommen worden. www.bollinger-marine.com.

WBGB	Wissenschaftlicher Beirat der Bundesregierung Globale Umweltveränderungen. Er wurde 1992 von der Bundesregierung eingerichtet. Das Bundeskabinett beruft jeweils für vier Jahre den Beirat mit neun Wissenschaftlern/-innen. Er soll die den globalen Wandel analysieren und Empfehlungen ausarbeiten. www.wbgb.de oder auch www.bmuv.de.
Willow-Projekt (Conoco Phillips)	Das Willow-Projekt ist ein Ölbohrprojekt des international tätigen Energiekonzerns ConocoPhillips mit Hauptsitz in Houston (Texas), dem drittgrößten US-Ölkonzern. Mit dem Willow-Projekt plant ConocoPhillips in Alaska in der Ebene des North Slope, North Slope Borough, die im Norden an die Randmeere der Polarmeere Tschuktschensee und die Beaufortsee grenzt, bis zu fünf Bohrplattformen für insgesamt 250 Ölbohrungen zu errichten und zu betreiben. Gegen die Genehmigung dieses Projektes haben Greenpeace und andere Umweltschutzorganisationen Klagen eingereicht. Es sei „eine historische Klimasünde und ein Schlag ins Gesicht für alle jungen Menschen und zukünftige Generationen". www.conocophillips.com.

Als ich 1995 an der Führungsakademie der Bundeswehr in Hamburg-Blankenese als Reserveoffizier der Bundesmarine die Lehrgänge besuchte, um Stabsoffizier zu werden, war ich bei Herrn Peter Tamm, dem ehemaligen Vorstandsvorsitzenden des Springer-Verlages eingeladen in seinem IfSM, Institut für Schiffahrt und Marinegeschichte, an der Elbchaussee 288, ehemaliges Panoramahotel an der Teufelsbrück. Im Obergeschoss in seinem Salon sagte er zu mir:

„Was haben Sie studiert? Ökonomie!" Er zeigte auf die Elbe, wo gerade ein Bulker aus Südamerika bergauf fuhr. „Hier, schauen Sie auf die Elbe! Da läuft gerade einer aus Argentinien hoch. Wenn Sie die Schiffe sehen, wissen Sie wie die Weltwirtschaft läuft.
Das ist Wirtschaft".

Literatur/Quellen

Obwohl es Tausende Veröffentlichungen über die Arktis gibt, sollte auf folgende Anmerkung hingewiesen werden. Die überwiegende Literatur ist in englischer Sprache verfasst, sehr wahrscheinlich deshalb, weil die gemeinsame Wissenschaftssprache der westlichen Welt Englisch ist. Dennoch sei auf Einschränkungen hingewiesen. Da „die Arktis" im Hinblick auf die Umwelt mit allen Kontinenten verbunden ist, bleiben Informationen in anderen Sprachen wie dem Russischen, dem Japanischen, dem Chinesischen oder aus den Sprachen der skandinavischen Länder, z. B. aus dem Finnischen, gänzlich unberücksichtigt. Es wird vermutet, dass es in anderen Sprachen Begriffe, Orte, Namen und Personen mit völlig unterschiedlichen Bezeichnungen gibt. So müssen teilweise Daten- und Zeitangaben durch Differenzen zwischen dem julianischem oder gregorianischem Kalender erklärt werden. Die angeführten Quellen geben deshalb nur Beispiele benutzter Literatur an.

Abdel-Motall, Doaa: Antarctica, the Battle for the Seventh Continent, Santa Barbara, Praeger, 2016.

Aker Arctic: Yamalmax Arctic LNG carriers. Akerarctic.fi/en/references/built/yamalmax-artic-lng-carriers, 2017.

Arktis: Vortrag im Rahmen der Sächsischen Entwicklungspolitischen Bildungstage am 08.11.2018; www.sebit.info.

Arctic Today: Up to 9 million tons of Russian LNG will be reloaded in Norwegian waters during 2019, 2018.

BBC News: Russia plants flag under N Pole. World, 2. August 2007.

Bredick, Markus: Persönliches Interview, Chef vom Dienst des Magazins Marineforum, 2021.

Bundesanstalt für Geowissenschaften: Schriftenreihe „DERA Rohstoffinformationen": **Dünner, Hans-Wilhelm:** First Shipping of Yamal LNG, in SUT Nr. 2018, S. 23.

Erling, Johnny: So will China schleichend die Arktis erobern, in: Die Welt vom 31.01.2018.

Institut für transformative Nachhaltigkeitsforschung: Auswärtiges Amt beruft Arktis-Expertin Kathrin Keil in deutsche Beobachterdelegation des Arktischen Rates, in www.iass-potsdam.de vom 16.03.2015.

Jensen, T., Greenland shortlists Chinese company for airport construction despite Denmark´s concerns. https://www.reuter.com/article/china-artic-greenland/greenland-shortlists-chinese-companry-for-airport-construction-despite-denmarks-concerns-idUSL8N1R96F6, 27.02.2018.

Kindler, Robert: Robbenreich, Russland und die Grenzen der Macht am Nordpazifik, Hamburger Editon, 2022.

Köberl, Olaf: Großschadensereignisse aus Sicht eines Rückversicherers, Präsentation während des 5. Mannheimer Transportrechtstags am 07. Juli 2021.

Meereisportal: www.meereisportal.de.

Milne, Richard und Foy, Henry: Maerks tests Arctic route over Russia; Shipping; Northern, sea passage seen as Potential Alternative to Suez Canal las Ice Melts," in: Financial Times, 22.08.2018; auch in Deutsche Financial Times, Maersk erkundet neue arktische russische Route, 24.08.2018.

Nilsen, Thomas: Sevmorput segelt auf der Nordseeroute, die mit weniger als einem Fünftel der Kapazität beladen ist, in The Barents Observer vom 10.09.2020.

Paul, Michael: Arktische Seewege, Zwiespältige Aussichten im Nordpolarmeer, SWP-Studie 2020/S. 14, 23.07.2020, doi:1^0.18449/2020, S. 14.

Paul, Michael: Der Kampf um den Nordpol, Herder, Freiburg, Basel, Wien, 2022.

Pipper, Alwin: Großauftrag für die finnische Schifffahrtsindustrie, Größter Eisbrecher in der Geschichte Finnlands wird gebaut, in Nordisch.info vom 23.02.2022.

Renner, Andreas: Chinas neue Seidenstraßen, Die polare Seidenstraße, Zeitenwende im Eismeer? In Bundeszentrale für politische Bildung, vom 21.10.2022.

Rex, Markus: Das Logbuch von der „Polarstern", Eingefroren am Nordpol, C. Bertelsmann, 4. Auflage 2021.

Rossi, C.R.: Sovereignty and territorial temptation. The Grotian tendency. Cambridge, Cambridge University Press, 2018.

Stephan, Kathrin (geb. Keil): Schätze unter dem Eis: Rohstoffe und Geopolitik in der Arktis.

Total Energy S. A.: www.totalenergies.com

Umweltbundesamt: www.umweltbundesamt.de

Weber, Joachim (Hrsg.): Handbook on Geopolitics and Security in the Arctic, The High North Between Cooperation and Confrontation, Springer-Vgl., Kiel, 2020.

Weber, Joachim (Hrsg.): Konfliktraum Arktis, Die Großmächte und der Hohe Norden, Miles-Verlag, Berlin, 2021.

Dan Maclean (Liselott Allgeyer, Übersetzerin): Der Yukon River und seine Nebenflüsse, ein Flussführer zu ausgewählten Flüssen in Alaska und dem Yukon-Territorium; Yukon, Tanana, Porcupine, Koyukuk und Kuskokwim River, Allgeyer-Verlag, 2008.

Internet:

https://www.arcitccircle.org
https://www.articccoastguardforum.com
https://www.arctic-council.org
http://www.arcticpeoples.com
https://www.thearcticinstitute.org

https://www.arctic.noaa.gov
https://www.aari.ru
https://www.arcticyearbook.com
https://www.polarconnection.org
https://www.uarctic.org
https://www.arctic.gov
https://www.arctic-russia.ru
https://www.artictoday.com/9-million-tons-russian-lng-will-reloaded-norwegian-waters-2019
https://www.bgr.bund.de/DERA/DE, Das Rohstoffpotenzial der Arktis. 2010-12.
https://arctic-office.de, German Arctic Office.
https://www.mitre.org/news-insights/impact-story/navigating-arctics-communications-challenges.
http://www.totalenergies.com.
https://mosaic-expedition.org.

Über den Autor

Dr. Heinz Merz, Jahrgang 1958, ist Fregattenkapitän d.R., Angehöriger der Crew VII/78. Er hat Erfahrungen aus drei maritimen Bereichen: als Marineoffizier in der Bundesmarine, als Schiffssicherheitsoffizier in der christlichen Seefahrt auf dem PanMax-Frachter Maersk Durban auf Großer Fahrt Ostasien (Tanjung Pelepas, Hong Kong Kao Hsiung, Xiamen, Ningbo, Shanghai ...) und als verantwortlicher Ausrüster, Shipmanagement Operator und Charterer, in der europäischen Binnenschifffahrt der ZKR-Staaten auf dem Rhein und europäischen Nebenflüssen. Er studierte Betriebswirtschaftslehre an der Universität Trier und ist seit vielen Jahren in Luxemburg als Conseil économique tätig. Seit 2003 besitzt er das ministerielle Agrément als DEMA, Dirigeant d'Entreprise Maritime, seine Gesellschaft das EMA, Entreprise Maritime Agréé.

Wirtschaftswissenschaften

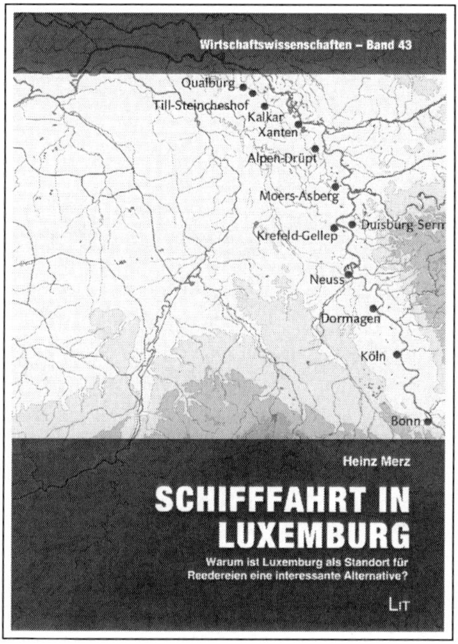

Heinz Merz
Schifffahrt in Luxemburg
Warum ist Luxemburg als Standort für Reedereien eine interessante Alternative?
Mit dem „Maritime Act“ vom 7. November 1990 wurde in Luxemburg ein Seeschifffahrtsregister eingerichtet. Seitdem hat sich das Großherzogtum zu einem interessanten alternativen Standort für Reedereien in Europa entwickelt. Im Jahr 2020 sind etwa 215 Seeschiffe im Schifffahrtsregister unter Luxemburger Flagge registriert. Mit dem Ausbau der Mosel zur Großschifffahrtsstraße und der Gründung der Moselkommission war 1964 bereits der Grundstein in der Binnenschifffahrt gelegt worden.
Der Autor analysiert erstmals die Organisation und Struktur der maritimen Industrie Luxemburgs, sowohl in der Seeschifffahrt als auch in der Binnenschifffahrt und erklärt deren Attraktivität. Er kommt zu dem Schluss: Luxemburg könnte die „Nummer eins“ in Europa werden.
Bd. 43, 2023, 72 S., 29,90 €, gb., ISBN 978-3-643-15287-9

Heinz Merz
Hidden Champions in der Logistik
Eine Analyse der Standorte der Hidden Champions aufgrund des Güter- und Warenverkehrs auf dem Rhein
Deutschland zählt überdurchschnittlich viele Hidden Champions-Unternehmen, deren Standorte mehrheitlich am Rhein und im Ballungsgebiet des Duisburger Hafens liegen. Der Autor untersucht daher den Güter- und Warenverkehr auf dem Rhein aus geografischer, historischer, politischer und wirtschaftlicher Sicht und betrachtet den Rhein insbesondere als Deutschlands Pulsader und wichtigste Wasserstraße Europas.
Dabei werden die europäischen Industriebranchen hervorgehoben, die vom Rhein und der Rheinschifffahrt abhängig sind und deren Standorte deshalb entlang des Rheins angesiedelt sind. Hier nimmt Luxemburg statistisch einen Spitzenplatz ein: Seine Logistikunternehmen gehören zu 50 % der „maritimen Industrie“ an.
Bd. 42, 2023, 132 S., 29,90 €, gb., ISBN 978-3-643-15286-2

Sozial- und Wirtschaftsgeschichte

Ralf Witthohn
Aufstieg und Niedergang der deutschen Schifffahrt
Eine kritische Analyse von 150 Jahren Seewirtschaft (1871 – 2021). 2 Teilbände
Zweimal eliminierten die weitgehend von den Schifffahrtsakteuren mitzuverantwortenden Weltkriege die Seewirtschaft, ein drittes Mal irritierten die Handelnden die Märkte nachhaltig, so dass sie sich selbst in existenzielle Gefahr brachten. Viele der traditionsreichen Teilnehmer am Schifffahrtsgeschehen scheiterten in den vergangenen Jahren oder kämpfen ums wirtschaftliche Überleben. Diese beiden umfassend und reich illustrierten Bände beschreiben 150 Jahre der industriellen deutschen Schifffahrt seit 1871 und schaffen in der aktuellen Diskussion um die eingetretene Zerstörung des Planeten Erde die Voraussetzung für eine dringend erforderliche Auseinandersetzung mit den Zukunftsfragen um die Einführung einer ökologisch ausgerichteten Schifffahrt.
Bd. 11, 2022, 914 S., 94,90 €, br., ISBN 978-3-643-15058-5

Veröffentlichungen des Instituts für Seerecht und Seehandelsrecht der Universität Hamburg

hrsg. von Rolf Herber (†), Rainer Lagoni und Marian Paschke

Carina Lutter
Digitalisierung in der Schifffahrt – Herausforderungen von „unmanned ships" für das maritime Recht
Die technische Entwicklung unbemannter und autonomer Schiffe wird mit raschen Schritten vorangetrieben. Dies bedeutet in vielerlei Hinsicht große Chancen, aber auch Herausforderungen sowohl für Wirtschaft und Gesellschaft als auch für das Recht. Die Arbeit befasst sich mit den regulatorischen und seevölkerrechtlichen Grundlagen des internationalen Schiffsverkehrs und arbeitet potenzielle Hemmnisse für eine unbemannte Schifffahrt heraus. Der Schwerpunkt liegt auf Fragen des haftungsrechtlichen Umgangs mit Schiffen, die künftig nicht mehr durch einen Kapitän an Bord, sondern ohne menschliche Steuerung fahren, ihren Kurs selbst bestimmen und eigenständig dazu lernen.
Bd. 26, 2022, 370 S., 49,90 €, gb., ISBN 978-3-643-15087-5

Peter Ehlers; Alexander Proelß; Klaus Ramming (Hrsg.)
Kreuzpeilung
Festgabe für Marian Paschke
Mit der vorliegenden Festgabe wollen Kollegen, Weggefährten und ehemalige Schüler *Marian Paschke* anlässlich seines Eintritts in den Ruhestand Respekt und Anerkennung für seine umfangreichen Tätigkeiten als akademischer Lehrer und Wissenschaftler aussprechen. Die in der Schrift versammelten Beiträge greifen aktuelle Fragen aus den Forschungsgebieten von *Marian Paschke* auf und betreffen das Seerecht ebenso wie das Handels- und Transportrecht, das Versicherungs-, Wettbewerbs- und Beihilferecht sowie das Umweltrecht und die Menschenrechte.
Bd. 25, 2022, 368 S., 44,90 €, gb., ISBN 978-3-643-15018-9

Peter Ehlers; Marian Paschke (Eds.)
Maritime Law – Current Developments and Perspectives
Publication on the occasion of the 35th anniversary of the Institute for the Law of the Sea and Maritime Law (Hamburg)
vol. 24, 2018, 480 pp., 49,90 €, hc., ISBN-CH 978-3-643-91072-1

Felix Goebel
Classification Societies
Competition and Regulation of Maritime Information Intermediaries
vol. 23, 2017, 460 pp., 39,90 €, hc., ISBN-CH 978-3-643-90941-1

Wibke Mellwig
Infrastrukturfinanzierung in Häfen und europäisches Beihilferecht
Bd. 22, 2011, 272 S., 34,90 €, gb., ISBN 978-3-643-11332-0

LIT Verlag Berlin – Münster – Wien – Zürich – London
Auslieferung Deutschland / Österreich / Schweiz: siehe Impressumsseite

Schriften zum Seehandelsrecht

Begründet von Prof. Dr. Rolf Herber (†)

Maximilian Bahnsen

Die kartellrechtliche Ordnung maritimer Liniendienste

Am 24. März 2020 verlängerte die Europäische Kommission die Gruppenfreistellungsverordnung für Seeschifffahrtskonsortien um weitere vier Jahre bis April 2024. Damit dürfte die Diskussion über die Effizienz und Kohärenz der Verordnung allerdings nur vorläufig in den Hintergrund getreten sein und spätestens mit Beginn der nächsten Evaluationsphase mit alter Stärke neu entflammen. Der Verfasser unternimmt eine grundlegende Untersuchung der als „Seekartellrecht" bezeichneten Materie. Die Ergebnisse dieser dogmatischen Untersuchung sind Grundlage zur Formulierung rechtspolitischer Zielsetzungen.

Bd. 28, 2023, 360 S., 49,90 €, br., ISBN 978-3-643-15285-5

Constanze Nehring

Das neue Konnossementsrecht nach dem Seerechtsreformgesetz

Am 25. April 2013 trat das Gesetz zur Reform des Seehandelsrechts in Kraft. Im Zuge der Reform wurde das Konnossementsrecht einer umfassenden Überarbeitung unterzogen. Dabei stand der Gesetzgeber vor der Herausforderung, einen Spagat zwischen der strengen Dogmatik des deutschen Wertpapierrechts und der von Traditionen geprägten Seehandelspraxis zu bewältigen. Die Verfasserin untersucht, ob die gesetzgeberischen Ziele erreicht wurden, insbesondere ob die neuen Vorschriften mit den allgemeinen Grundsätzen des deutschen Wertpapierrechts, den geltenden internationalen Bestimmungen und den Handelsbräuchen des Seehandels im Einklang stehen.

Bd. 27, 2019, 398 S., 49,90 €, br., ISBN 978-3-643-14414-0

Eva-Maria Harm

Das neue Schiffsarrestrecht nach der Reform des Seehandelsrechts 2013

Zugleich ein Vergleich der Rechtsordnung Deutschlands mit den Arrestvorschriften der Niederlande und Dänemarks

Um den Schiffsarreststandort Deutschland zu stärken, bedarf es seit der Seehandelsrechtsreform 2013 für den Schiffsarrest keines Arrestgrundes mehr. Die Verfasserin untersucht die Auswirkungen der Neuregelung auf das System des allgemeinen Arrestrechts, das im Übrigen auf den Schiffsarrest anwendbar bleibt. Um festzustellen, ob das gesetzgeberische Ziel der Stärkung des Schiffsarreststandortes erreicht wurde, vergleicht sie den neuen deutschen Schiffsarrest darüber hinaus mit dem Schiffsarrestrecht der Niederlande und Dänemarks als zwei weitere für die Schifffahrt bedeutende Staaten.

Bd. 26, 2018, 264 S., 39,90 €, br., ISBN 978-3-643-13917-7

Vivian Fuchs

Die Finanzierung eingetragener Seeschiffe durch geschlossene Schiffsfonds unter besonderer Berücksichtigung der gesellschaftsrechtlichen Strukturierung

Bd. 25, 2015, 370 S., 39,90 €, br., ISBN 3-643-12880-5

LIT Verlag Berlin – Münster – Wien – Zürich – London

Auslieferung Deutschland / Österreich / Schweiz: siehe Impressumsseite

Schriften zum See- und Hafenrecht

hrsg. von Rainer Lagoni (Universität Hamburg)

Theresa Gabriele Heinke

Normenkollisionen von völkerrechtlichen Übereinkommen mit der EuGVO im Kontext von seerechtlichen Haftungsbeschränkungen

Das Prinzip der seerechtlichen Haftungsbeschränkungen existiert seit Jahrhunderten weltweit und wird heutzutage vom Londoner Übereinkommen von 1976 geregelt. Dieses trifft innerhalb der Europäischen Union auf die Verordnung (EU) Nr. 1215/2012. Die Verfasserin untersucht das Rangverhältnis der beiden Gesetzeswerke sowie, ob eine Anerkennung von gerichtlichen Entscheidungen aus Beschränkungsverfahren eines EU-Mitgliedsstaates in anderen Mitgliedsstaaten möglich ist. Dabei vergleicht sie die Rechtslage mit der des Luft-, Straßen- und Schienentransportrechts und mit dem US-amerikanischen Recht.

Bd. 22, 2022, 204 S., 44,90 €, br., ISBN 978-3-643-15107-0

* * *

Uwe Jacobshagen (Hrsg.)

Seeschifffahrtsrecht und Öffentliches Seerecht

In dem vorliegenden Band 16 werden das Seeschifffahrtsrecht und das Öffentliche Seerecht dargestellt. Unter Berücksichtigung des gesamten Rechtssystems wird konstatiert, dass nicht nur die zahlreichen internationalen Übereinkommen von hoher Bedeutung sind, sondern dass es gerade auch um die praktische Anwendung dieser bundesrechtlichen Normen geht.

Polizei und Sicherheitsmanagement, Bd. 16, 2016, 406 S., 29,90 €, br., ISBN 978-3-643-13310-6